短期間で
やる気を引き出す！

# 個人面談

高木鉄平

# はじめに

本書を手に取っていただき、ありがとうございます。

不躾ですが今あなたは1つの大きな悩みを持っていませんか？

その悩みとは「どうしたらより業績が良くなるか？」という悩みではないでしょうか。

本書を手に取っているということはおそらく経営者であったり、部下をお持ちになっている方でしょう。

経営者や部下の責任のある立場の方は常に業績のことが頭から離れません。私も経営者で部下もいますので、皆さんの気持ちはよくわかります。

申し遅れました。日本産業メンタルマネジメント協会の代表理事の高木鉄平と申します。

私は「面談」を通じて業績を上げていくことを推進しております。多くの方が「面談」だけで業績が本当に上がるのか？　と疑問をお持ちかもしれません。

もちろん、ただ「面談」をしたからといってすぐに業績が上がるわけではありません。

しかし本書で私が勧めている「すぐに、誰にでも、どこでもできる面談」をすることによって業績が結果としてあがっていくのです。

面談は多くの時間を必要としません。たった15分で良いのです。

「すぐに、誰にでも、どこでもできる面談の仕方」があるのです。

効果も実証済みです。面談を企業に取り入れたところ

「部下が意見を言うようになった」

「斬新な企画が増えた」

「仕事への取り掛かりが早くなった」


などなどの結果が出ております。

正しい面談をすることで自分の意見や提案などを言わなかった部下がどんどん意見や提案を上げてくるようなり、その結果、多くの行動が生まれて業績がアップするのです！

本書を読めば、あなたも面談がすぐに、簡単に、どこでもできるようになります。

「なんだ面談って簡単だったんだ！」とこの本を読んだ後言えるように「面談」を学んでいきましょう。

# 目次

## 第1章 今までのやり方では動かない部下？

01 こんな部下に困ってませんか？ …… 12
02 業績が上がらない３つの罠 …… 18
03 面談があなたの会社の業績を上げる …… 28
04 面談が始められない３つの不安 …… 32

05 面談の目的と効果 …… 36
06 面談のスキルを手に入れれば一生のあなたの宝になる …… 44

## 第2章 正しい面談が部下を動かす

01 正しい面談の事前準備 …… 50
02 より良い面談を行うには？ …… 60

## 第3章 心理を学べば部下がわかる

01 人が動く動機を知る …… 68
02 6つの人間の欲求 …… 74
03 自分の言葉が部下に伝わらない3つの理由 …… 86
04 タイプ別の部下への対応 …… 94
05 「面談」実施のための心構え5カ条 …… 98

第4章 15分面談で業務・職場を改善しよう
01 面談を早速スタートしてみよう …… 106
02 実際に企画書をつくる …… 126

第5章 面談で目標を立てよう
01 部下との面談の種類 …… 132

02 目標設定面談 …… 136
03 中間（期中）面談 …… 142
04 自己評価面談 …… 156
05 フィードバック面談 …… 160
06 より効果的な面談を行うには …… 164

## 第6章 困った社員のモデルケース

01 ケース別に対処法を考えよう …… 176
02 面談の基本スキル …… 204
03 質問するスキル …… 212

# 第1章

# 今までのやり方では動かない部下？

# 01 こんな部下に困ってませんか？

## 今までのやり方が通用しなくなってきた

この本を手にしたあなたは今、部下のことで悩んでいたりしていませんか？　または部下にどのように指導するべきか迷っていませんか？

自分一人なら、結果を出す自信もやり方も熟知しています。

しかし、部下はあなたの思った通りに動きませんし、結果も出してくれません。しかも部下の成績はあなたの評価または会社の業績に関わってくるので、知らぬ存ぜぬを決め込むわけにもいきません。「部下」に困った経験のない方と私は1人も会ったことがありません。

最近、特に今までのやり方が通用しなくなってきていると感じている方も多いのではないでしょうか？

経営者や上司である立場の方に話を聞くと、

・何を考えているかわからない
・こちらの意図が伝わらない
・言ったことしかしない
・やる気があるかどうかわからない
・飲みに誘っても断る
・報告連絡相談をしてこない
・すべてが受け身
・真面目で面白みがない

挙げればきりがないほど部下に対して、多くの不満が出てきます。

以前と同じように厳しく指導すると、すぐに「辞めます」となってしまいます。ただでさえ人材採用が難しくなっている現在、それに拍車がかかるのは困ります。新しく人を雇うのも大変ですし、コストや育成の手間も考えると現実的ではありません。

退職者を増やさないために、コミュニケーションの研修に行ったり、飲み会を開いたり、会議を開いたりと、様々な取り組みをしていると思います。それは間違ってはいません。しかし、それで思ったほどの効果が上がっていますか？

コミュニケーションが取れたからといって部下は辞めないのでしょうか？

確かにコミュニケーションが取れていたら辞めにくくはなるかもしれませんが、辞める人は辞めるのです。

根本的に考え方が違っています。

コミュニケーションができていたら部下は辞めないし、やる気を出してくれるのではという考え方は、友達ならみんな自分の商品を買ってくれるという考え方に似ていると感じます。友達なら自分が困っているからこの商品を買ってくれると思っていても、友達といえども欲しいものでなければ買いませんよね？

ですからコミュニケーションが取れたとしても、会社は辞めず、やる気を持って働くというわけではないのです。

ここに部下と上司との意識の違いがあるのです。

そもそも上司であるあなたは、部下と友達になりたいのですか？　恐らく違うでしょう。

上司の本音は、しっかりとやる気を持って働いてほしいのです。さらにいえば、結果を出してほしい。結果を出すために今以上に働く必要があり、その方法のひとつとしてコミュニケーションを取ったほうがよいと思っているのです。

確かに、コミュニケーションが取れていないより取れているほうが働きやすくなります。ですが、それよりも部下のニーズを満たすことのほうが圧倒的に効果があるのです。

■コミュニケーションと部下が辞める因果関係

僕たち友達だよね
だから自分から
商品を買ってほしい
コミュニケーションが
取れている
だからやる気を出して
ほしいし、会社も辞めないで
働いてね。結果も出してね。
2つのケースは継続し続けるのは難しい

## 部下のニーズをつかもう

ニーズを満たすとは、欲しいものを与える、もしくは提示するということです。

では、部下の欲しいものはなんでしょうか？　欲しいものと聞けば、まず「お金」が頭に浮かぶかもしれません。確かに「お金」もひとつの手段ではありますが、ここでの答えではありません。会社の資源は有限で、無尽蔵に与えるお金を増やすわけにはいかないからです。

昨今の経営環境で給与を上げ続けられる企業はどれくらいあるのでしょうか？　高度経済成長の時代ならいざ知らず、低成長時代の日本に大幅に給与を上げ続けられる

■相手のニーズを理解しよう

**同じ値段です。どちらのプレゼントが嬉しいですか？**

**A** あなたが好きな店のディナーチケット

**B** あなたが好きでもなく興味もない盆栽セット

**欲しいものを与えると相手は喜ぶのです**

↓

**その結果、仕事を頑張るのです**

企業は多くはないのです。

確かにお金は誰でも欲しいでしょうし、相手のニーズをお金で満たすのは簡単かもしれません。なぜならお金は様々なものと交換できるからです。

・お金で楽しいことやワクワクすることをする
・お金で仲間や家族に喜ぶことをしてあげる
・お金で好きな服や時計を買って満足する

お金で色々なものと交換ができ、ニーズを満たすことができます。

しかし大好きなお金が今後、会社員である限り爆発的に増えるということはなかなか難しいと上司であるあなたも部下も感じています。しかも社会保障費や税金は上がっていきますので、多少お金が増えたところで今の悩みや不安を解決するには至らないのです。

ですから今抱えている悩みを「お金」で解決するのではなく、別のアプローチで解決を試みてはいかがでしょうか？

本書では「面談」によって上司の部下への悩みを解消する方法を解説しています。

# 02 業績が上がらない3つの罠

## 罠にはパターンが決まっている

業績を上げていく上で、はまりやすい罠（わな）があります。この罠とは、一見すると良いと思われることが知らず知らずのうちに被害を与えていることを指します。

罠とは、仕掛けられた側が知らず知らずのうちに被害を受けることと定義できるといえるでしょう。

しかし、罠にもいくつかの種類があり、その種類によってかかる人も変わってきます。人の性格やタイプによってもかかる罠は違ってくるのです。

どうしてわかっていても、ついつい罠にはまってしまうのかを分析すると一つの原因が見えてきます。それは「思考の硬直化」と言われるものです。

罠というのは不思議なもので、少し離れたところから見ると、気づきそうなものなのに、本人は気付かずに、むしろその罠に引き寄せられるように近づいていくのです。

また、本人自身がもしかしたら罠かもと薄々感じていながらも、それでも近づいてしまうからこそ罠なのです。多くの場合、周囲の人間が心配して、どんなに声をかけても心配しても本人が気づかない限り、罠に引き寄せられていくのです。

まさにこれこそが、先ほど言いました「思考の硬直化」になります。

思考が硬直化するということは、人間にとって、余計なことを考える必要がなくなるというメリットがあるのです。

また、自分自身が間違っていたということを感じる必要もなくなるため、多くの方がこの罠にはまってしまい、本当にもうどうしようもない状況に追い込まれないと、これが罠だったと気づきません。また気づきたくないのです。

しかし、予め罠だとわかっていれば多くの方がその罠を回避できる可能性が高まります。

少しでも「罠かも？」と思うことができれば罠を回避できる確率は飛躍的に上がるのです。ここでは会社経営の中で部下育成に関して多くの人が嵌ってしまう罠について代表的な3つを今からお伝えしていきます。

## やる気が一番大事の罠

1つ目の業績が上がらない罠は、やる気が一番大事だと思っていることです。

確かに、やる気はないよりもあったほうがいいと私も思います。ですが業績を上げるためには必ずやる気が必要なのでしょうか。というのも、業績を上げ続けている方の中には、やる気のあるように見える人も、やる気のないように見える人もいます。

必ずしも、やる気のあるように見える人だけが業績を上げ続けているわけではないのです。

やる気の有無は周りからは見えにくいですし、むしろ本人すらよくわかっていませ

■やる気が何なのか分からない

「やる気」だけで
本当に結果が
出るの？
「やる気」を出して
ないって勝手に
決めつけるなよ？
そもそも
「やる気」って
なんなのよ？
やる気を出せ！
部下
上司

ん。

例えば、このような情景をよく見ます。

上司「最近成績が良くないが、やる気はあるのか？」
部下「はい！　やる気あります！」

このような会話をしたことはありませんか？
しかし考えてみてください。私たちの「やる気」は感情です。人によって解釈も違いますし、測る基準すらありません。
上司と部下の「やる気がある状態」は、もしかしたら根本的に違うかもしれません。そもそも「やる気がある状態」など誰にもわからないのです。ですので、答えがないものを追い求めても業績は良くなりません。

やる気は測れないのです。

やる気に満ち溢れ頑張っているのに、上司からやる気がないから結果が出ないと言われ続けたら、どんどん自信がなくなっていきます。自信のなさはお客様に伝わってしまうため、業績を上げ続けるのは、より困難になってしまいます。

やる気の有無と業績は直接的には、関係がないのです。

## ネガティブはダメ！　ポジティブに考えろ！　の罠

2つ目の罠は「ネガティブはダメ！　ポジティブに考えろ！」です。

実は心理学的には、ポジティブでもネガティブでも業績に関しては結果はさほど変わらないのです。しかし、職場では次のような会話がなされています。

上司「この案件についてどう思う？」
部下「この案件は少し厳しいのではないでしょうか。これやこの点に不安があります」
上司「お前はどうしてそんなにネガティブな発想なんだ。もっとポジティブに考えなければうまくいくものもいかないだろう。まず思うことが大事だ」

しかし部下にしてみたら、自分も関わる案件なのに気になる部分があってはうまくいかないと思ってしまいます。

一度ネガティブに考えると、その原因を取り除かない限りポジティブには転換されません。これを専門用語では『消極的バイアス』と呼びます。

消極的バイアスは、ペンシルベニア大学の教授たちが唱えた考え方です。バイアスとは、先入観や偏見という意味です。

例えば、美味しそうなピザの上をゴキブリが通り過ぎたのを見てしまったら、ほとんどの人が絶対食べたくないと思うでしょう。良いことに対して悪いことをかぶせた場合、私たちは悪いほうを考えてしまうのです。

一度ネガティブに考えてしまった場合、ネガティブに考えるなと言われても考えてしまいます。ですからネガティブに考えてしまうその人自身に、どのように業績を上げていくかを考えてもらう必要性があるのです。

先ほどのゴキブリが通り過ぎたピザを例にすると、親が子に「大丈夫だから食べてみたら」と言っても、子供は躊躇してしまいます。でも子供もピザは食べたい。そこで、子供に任せてみたらどうなるでしょうか？　通り過ぎた部分を切り取ってゴキブリが触れていないところを食べる子もいるでしょうし、具を全部捨てて再度焼き直す子もいるかもしれません。つまり、本人の行動しかネガティブを取り除く方法はわからないのです。

また、ネガティブに考えるのは悪いことばかりではありません。ネガティブに考えるからこそミスを防いだり、事前準備に万全を期すことができたりする面もあります。

ネガティブ、ポジティブは見方の問題であって、結果に大きな差はないのです。

## 新しいことを考えろ！　の罠

3つ目は、新しいことを考えて一発逆転を狙う罠です。

私たちは、自分の状況が悪くなりだすと一発逆転を狙いたくなります。今の状況が厳しければ厳しいほど、この一発逆転の魅力にとりつかれます。この一発で現状の閉塞感から抜けれるかもしれないという魅力は、なかなか抗しがたいのも事実です。

例えば今の事業が厳しいから他事業を始める。決して間違っているとはいえないのですが、今の状況が厳しいのに他事業をやってうまくのか？　ということです。新しい事業は、どうしても立ち上がるまでに時間も費用もかかります。また本来の予算以上に既存のビジネスから収益を上げなければなりません。さらに優秀な部下を新規事業の担当につけてしまいます。そうなると収益性の悪化と人材の流出がダブルで既存の事業に襲ってきます。もちろん収益性の悪化や人材流出に耐えられるのであれば大丈夫なのですが、たいていはより悪化してしまう可能性が高いです。

ですから、一発逆転は非常に危険な罠なのです。

## 3つの罠からの脱出方法

これらの「やる気が一番の罠」「ネガティブはダメ！　ポジティブに考えろ！　の罠」「新しいことを考えろ！　の罠」以外にも多くの罠が皆さんには襲いかかってきます。しかし罠というものは冷静に考え、事前に対策をしておけばある程度防げるものなのです。

しかし私たちは頭でわかっていてもいざという時に覚えていなければ、その罠を回避することはできません。

しかし頭でわかっていても、経験しないとなかなか記憶に定着しないといわれています。

実験の結果、記憶の保持率が20分後には58％、1時間後には44％、1日後には26％、31日後には21％まで低下することがわかっています。

では少しでも記憶を定着させるにはどうすればよいのでしょうか？

それは「振り返りをする」のです。

しかし忙しい現代において、振り返りの作業はなかなかできないというのが現状です。

また、私たちの脳は1つのことしか基本的には集中できず、あれこれと同時に考えることができないのです。

複数の仕事を同時に進めることは、忙しい人にはよくあること。しかし、そのような仕事の仕方＝「マルチタスク」は脳に良くないのは、研究結果でも明らかです。

米Ｅｎｔｒｅｐｒｅｎｅｕｒの記事で、「シングルタスク」の著者デヴォラ・ザック氏は次のように説明しています。

「そもそも脳は同時に2つのことを考えることができない。みなさんがマルチタスクと呼んでいるものは、神経科学者の言うところのタスク・スイッチングです。（2つを同時に考えているのではなく）複数のタスクを短時間で行き来しているのです」

この観点から、一人での振り返りは質問と答えを両方同時に行うので脳への負担が大きいのです。例えば一人で考え込むよりも誰かと話をしていたほうが多くの気づきを得られるのは、1つのことだけに集中できる状況に自ずとなっているからです。

ですから、振り返りを行う際は1人よりも2人でやるほうがより効率的で簡単なのです。一人は質問するだけ、もう一人は考えるだけの振り返り方法を社内でやる場合が「面談」という形になるのです。

■エビングハウスの忘却曲線

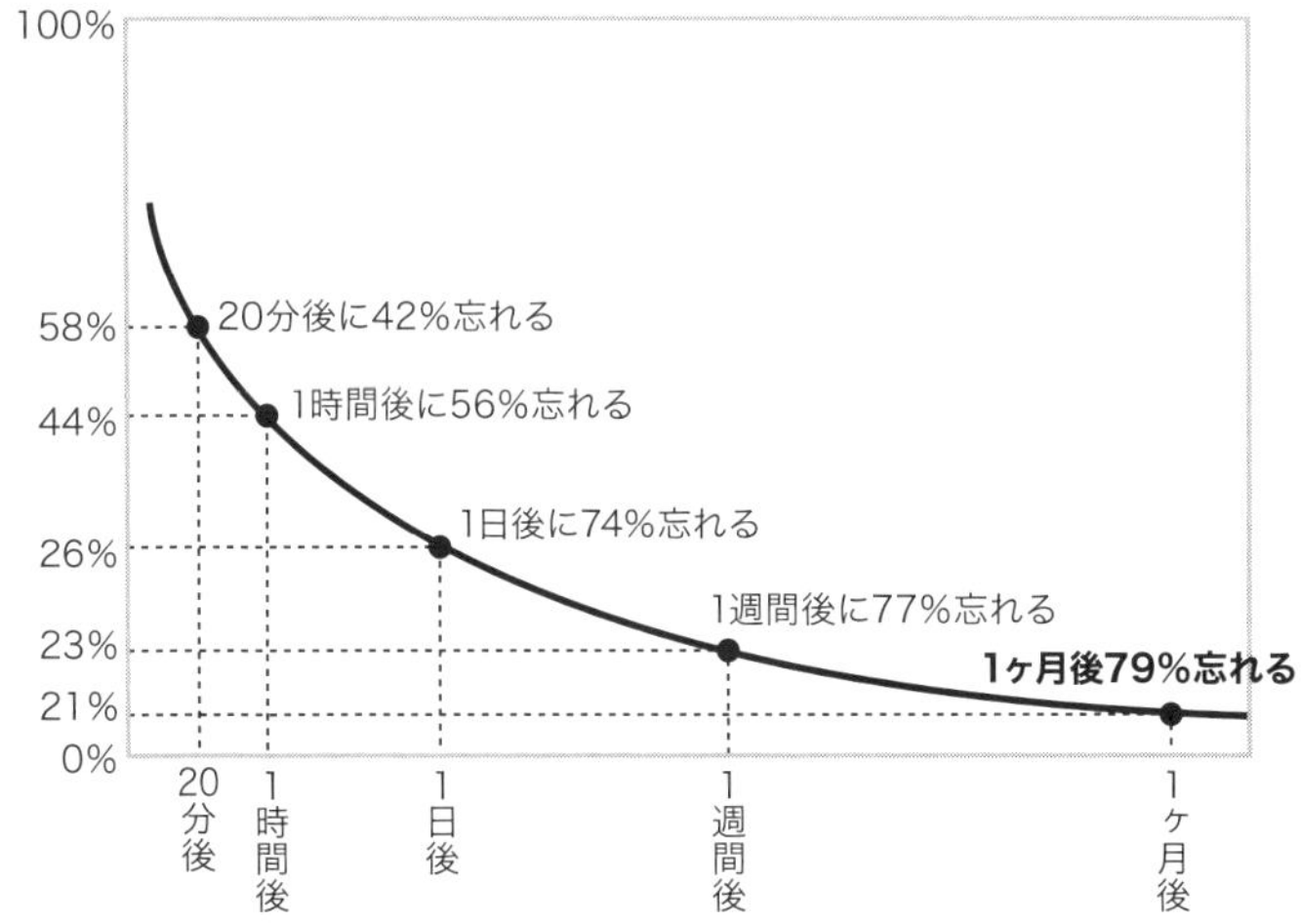

# 03 面談があなたの会社の業績を上げる

## 効率が良くシンプルな方法「面談」

では、どうして面談が効率が良くシンプルなのでしょうか？

面談がシンプルな点は、２人で行うことができるところです。

会議などと違い、参加者全員の時間調整が必要ありません。また資料など準備にかかる時間も必要ありません。人数が増えれば増えるほど、それぞれの時間を調整するのは大変です。

面談は２人のタイミングさえ合えば、いつでも行うことができるのです。

時間も10〜15分程度をお勧めしています。

面談の時間を短く設定することで、いつでも、すぐに、どんな場所でも面談を行うことが可能になります。

それにより現場の生の声を聞くことができたり、改善点、反省点など即座に対応できるようになるのです。

しかし会議などではそうもいきません。

面談が効率が良い理由としては、いつでも、どこでも、ちょっとの時間でできるからです。

例えば8名集まる会議やミーティングを1時間したら、8名×1時間で8時間の拘束を要します。これを一人で7名との面談を15分ずつ行うと8名×15分で210分と、半分以下の時間で終わります。

労働生産性の観点からも、面談がより効率的であることがわかります。

■会議と面談の違い

| 会議 | 面談 |
| --- | --- |
| 人数分の時間調整が必要 | いつでもすぐに面談できる |
| 資料が膨大になりやすい | 資料が最低限でよい |
| 移動時間がかかる | 移動時間も最小、スカイプなら無し |
| 不必要なメンバー参加がある | 基本は1対1 |
| 長時間拘束されやすい | 短時間の拘束ですむ |
| タイムリーな話をしにくい | タイムリーな話ができる |
| プライベートな話はできない | プライベートの話ができる |

## 「面談」するのもされるのも嫌いで苦手だった私

私は今でこそ面談を企業で行っていますが、かつては面談をされるのも、するのも大の苦手だったのです。私が新卒の時に就職した会社は大企業で、評価制度が社内に浸透しており、期の初めと最後に面談が行われていました。これはその当時のお話です。


「高木くんこの目標なんだけど低くない？」

「前期もこれと同じ感じでしたので……」

「いや明らかに低いでしょ！　これぐらいにはしておかないと」

「しかし、それでは未達になる可能性があるので努力目標ではダメでしょうか？」

「高木くんならこれくらいはできると思うよ」

「いや、しかし……」

「最初からやる気がないのはいけないよ！」


今思えば、当時の上司は私に期待していたことはわかります。しかし、その会社では、評価が給与や昇進に大きな影響を与えるので、なるべくなら手堅い目標でその期をやり過ごしたかったのです。しかし、この面談の影響により、この期は予想どおり未達になりました。そこで反省をしたのか、というと私はただ、上司に対して憤りを感じ、自分自身については省みませんでした。

ひょっとすると、似たような経験を持っている方もいるのではないでしょうか。

その後、時が経ち、自分が面談をする側になったときのお話です。

忙しい中で部下との面談の時間をどうにかやりくりして調整したにもかかわらず、何か話したいことはありますか？　という私の質問に部下は「特にありません」としか答えてくれなかったのです。今なら部下に信頼されていなかった、コミュニケーション不足などが原因だ、と思えるのですが当時は、「何なんだよ！　せっかく時間をとったのに」と憤りを感じていました。

こうした経験から、私は面談をされるのも面談をするのも、大の苦手だったのです。私と同じような悩みを抱える方は少なくないのではないでしょうか。

面談を始めようと考えた時には、多くの不安を抱えることになるでしょう。ここでは多くの方が悩むであろう、面談前に抱える３つの不安を解説していきます。

# 04 面談が始められない3つの不安

## 何を話してよいのかわからない不安

面談を不安に感じる理由のひとつ目が、何を話してよいかわからないことです。

面談の相手が、みんな自分と話が盛り上がる人なら、このような不安はないのですが、部下にも様々な人がいます。何を話しても、盛り上がりに欠ける部下もいることでしょう。そんな状態ですから、何も準備していなければただただ時間が無意味に過ぎていくような感じがしてならないのです。

せめて、あらかじめ話を考えておく必要性があると考えるのですが、何を話せば良いのか浮かばないのです。「部下と何を話したら良いかわからない」が面談に対しての不安の1つです。

## 自分の気持ちが爆発してしまう不安

2つ目の不安は、自分の感情が爆発してしまうかもというものです。

「こいつ何を言ってるんだ！」と、部下に怒りを覚えたことのある方は多いと思います。しかし、皆様のご想像通り、多くの場合良い方向に進みません。そのように上司に怒られた部下の行動は、たいてい次の2パターンに絞られます。

1つは、上司に対して萎縮してしまうことです。ただでさえ、上司と部下とのコミュニケーションが希薄だったのに、より一層会話が減ってしまいます。何か意見を求めても、あなたの意見に対してなんの考えも持たなくなってしまうでしょう。

2つ目は、逃げることです。つまり、辞めてしまうのです。会社に居づらさを感じて辞めていってしまう若者は多いです。採用が難しい昨今、人員確保にも苦労しますし、あなたの評価も下がってしまうでしょう。どちらにとっても良い結果にはなりません。自分の気持ちが爆発してしまう不安を感じるから、面談自体に不安を持ってしまうのです。

## 余計な仕事が増える不安

上司や経営者は決して面談をしたくないわけではありませんし、必要だと考える人は多いです。

しかし、正直なところ、余計な仕事が増えるは困るのです。報告を受けたからには、何かしらの対処をする必要が出てきます。

場合によっては、優先的に報告を受けた事案の対処に当たる必要があります。そんな時、面談なんかしなければよかった、自分でどうにかしてほしいと思うでしょう。しかし、その部下にしてみれば報告を上げるように指示されたから報告をしたまでなのです。

■余計な仕事が増える不安

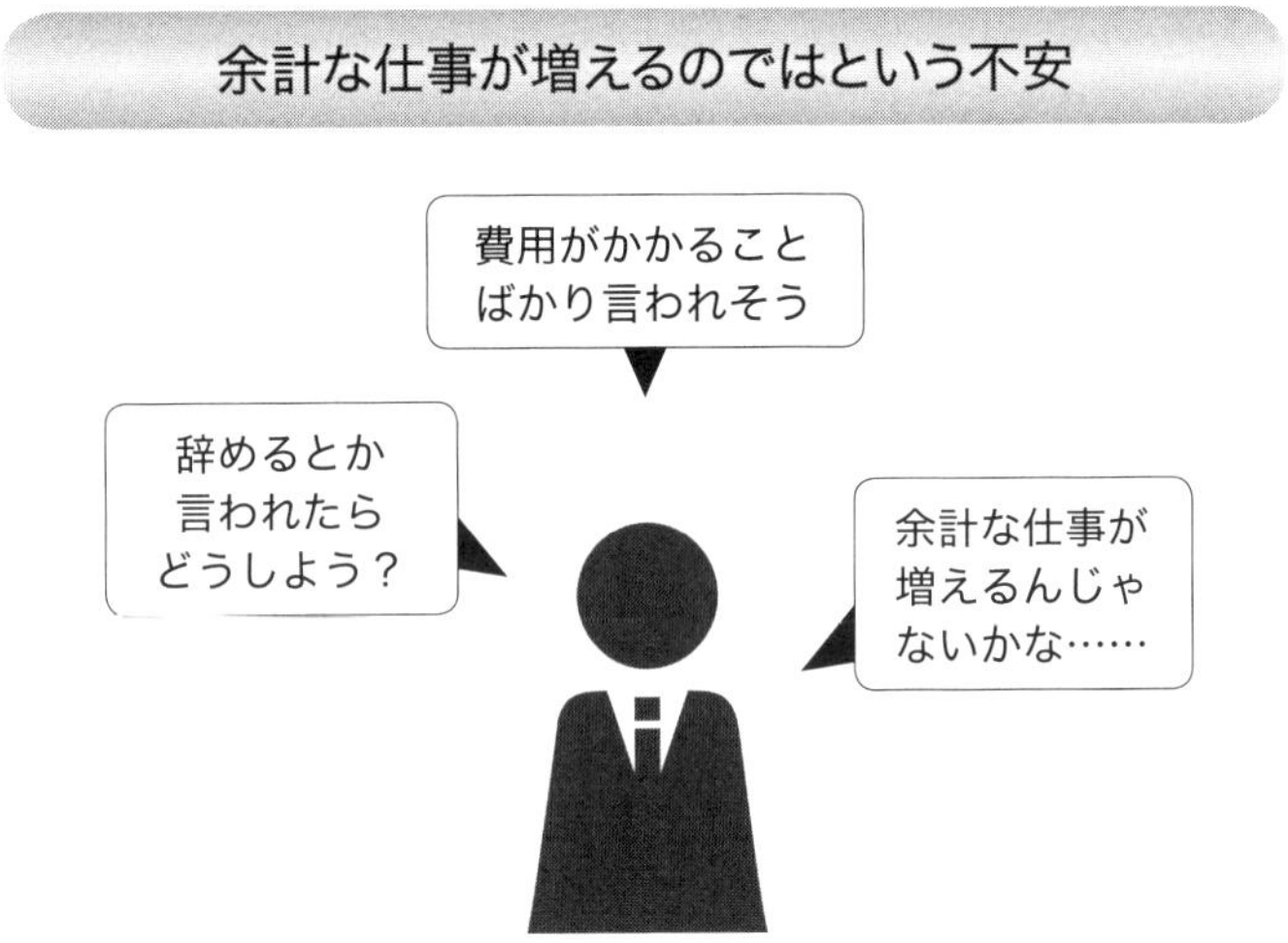
余計な仕事が増えるのではという不安
費用がかかることばかり言われそう
辞めるとか言われたらどうしよう？
余計な仕事が増えるんじゃないかな……

## 正しい面談をすれば3つの不安は解消できる

書籍やセミナーでは、社内コミュニケーションを大切にしましょうと伝えています。それらの影響で、社内での面談を検討する企業も多いのですが、そこで、先ほどの3つの不安が出てくるのです。

これが原因で、多くの企業で面談する場がなかなかスタートしていないのが現状です。ではこのような不安はどのようにして払拭できるのでしょうか？

多くの企業では、面談の詳しい内容はほとんど表に出てこず、面談の詳しい内容は本人たちにしかわかりません。報告書を見ても、どんな内容の面談だったかなどははっきりと記されていない場合が多いです。また面談自体が同じフォーマットのものでない場合が多く、今回の面談が良かったのか、悪かったのか、という判断すらできないのです。

何をどうしたらいいか分からない中で進むことで、私たちは不安になってしまうのです。その不安を解消するために、私はシートを使った15分面談をおすすめしているのです。

# 05 面談の目的と効果

## 面談の目的

面談の目的は「行動」につなげることです。行動しなければ、業績の向上も生産性の改善も期待できません。ですから面談の目的は「行動」なのです。

しかし、新たな行動が必要なのはわかっていても、私たちは自分のパターンを崩すことに抵抗があります。それは、本能が「生き残れ」と指令を出しているからです。もしかしたら部屋を出たら車に衝突するかもしれませんし、雷に打たれるかもしれません。生き残りたいのなら何もしないことが一番なのです。これが、私たちが極度に変化を嫌がる理由です。

例えば今まで月30件の取引先の訪問を50件にしようと提案すると、多くの社員から反対意見が挙がります。

・一人ひとりの相手とじっくり丁寧に向き合うべき
・今は新規ではなく既存のお客様を大事にするべき
・経費や時間の無駄になる可能性がある

など一見するともっともらしい意見で新しい行動を拒否しようとします。業績向上の可能性があるのならするべきなのに、本能が嫌がるのです。

では、部下本人が見つけた方法ならどうでしょうか？

本人が月30件の訪問を50件にして業績が上がると思ったなら、本能の抵抗はぐっと下がるのです。その結果できるできないは別にして、行動を起こす可能性は高くなるのではないでしょうか？　実際に行動してみて、50件訪問できたらさらにどうしていくのか、できなかったなら次に何をすべきかと面談して一緒に考えます。

そうすると、本人には見えていなかった障害が見えてくるのです。

・スケジュール調整が甘かった
・一つひとつの商談に時間がかかりすぎた
・新規の場合はもっと自信を持って訪問したほうがよかった

などなど自分で方策を考えるようになります。

これが面談の効果です。

一人では気づけない、乗り越えられない障害を一緒に乗り越えていくことこそが面談なのです。

## 面談の結果❶ 提案が激増する

面談をすることで「提案」が増えます。

そもそも多くの上司は、部下からの提案を望んでいます。部下からの提案を、コストや効果性、タイミングなどを考慮して判断したいと思っています。

しかし、面談をせずに提案を増やすのは難しいでしょう。

例えば、日常会話でのワンシーンです。

部下「部長！　最近社有車のタイヤの溝が減っているんですよ！　そろそろ変えたほうがいいと思いますよ」

上司「そうなの？　そのうち変えなければいけないね」

上司はそう言ったものの、タイヤ交換されないまま1年経ってしまった。似たような経験をされたことはありませんか？

部下の立場で考えれば、必要なことだから提案したのに取り合ってもらえなかった。部長も危険なことは承知しているだろうに何を考えているんだ？　となります。このようなことが何度も続くと、そのうち提案すらしなくなっていきます。「言ってもどうせしないでしょ」と諦めの胸中になるのです。

一方の上司の立場になって考えると、日常会話の中で交わされた話なので記憶に残っていません。より重要なことに思考を使っているから忘れているのです。

これは部下が悪いとか上司が悪いとかではなく、提案を出す機会がないことが問題なの

■部下が諦めてしまうサイクル

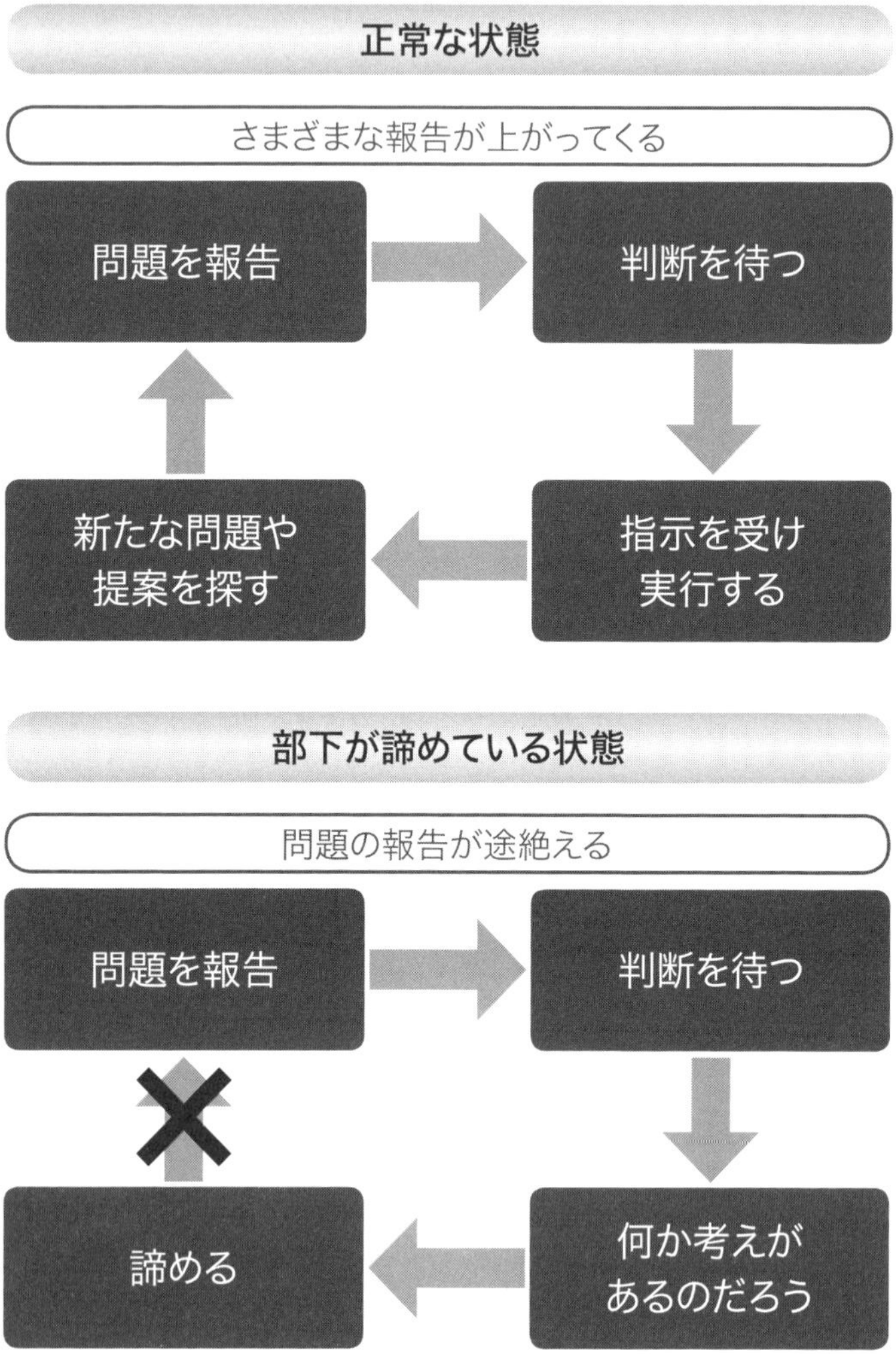

です。

もし面談の中でこの話が出ていたら、上司は提案書の提出を促すことができますし、部下は提案書や企画書を作る前に上司に打診することができたでしょう。部下は、忙しい上司をつかまえてまでわざわざ話すことではないのでは、もし怒られたらどうしよう、と思っています。

ですから面談は、部下がアイデアや改善案を伝える場所となるのです。

## 面談の結果❷ 面談で業績を上げる社員が増える

面談をすることで業績を上げる社員が増えていきます。

いやいやそんなことはないだろう、と思う方もいるでしょう。

こんな話がありました。

ある社員には、遠方にクライアントになりそうな人がいます。しかし今、その社員は結果が出ていません。結果が出ていない状態で経費がよりかかる遠方への出張を申請するのは気が引けるので、とにかく結果が出てからと考えていました。

ですが面談中に何度かこの話が出ていたので、意を決して計画書を作り上司から許可をもらって遠方にいくことができました。結果、うまくいったのです。

このようにすべてがうまくいくわけではありませんが、チャレンジしなければ何も変わりません。

面談はチャレンジを計画し、行動し、振り返り、改善していくの繰り返しです。ですからいきなり業績が上がる場合もあれば、上がらない場合もあります。しかし、少しずつでも必ず成果が上がっていきます。社員がたくさんのアイデアを出し、多くのチャレンジをするからです。その結果、社員自身が業績を上げる自分なりの方法を見つけることができるようになるのです。

## 面談の結果❸ 面談をすれば一致団結する

正しい面談が進んでいくと、会社内ではいろいろなアイディアが実効され始めます。

例えば、事務所の雰囲気を明るくするために花を飾ることを考えたとします。

でも、自分一人では毎日水を替えことができないので、花を飾るのを諦めていました。

しかし、周りが協力をしてくれたらできるような気がしています。結果、周りの方に頼むことを覚えるのです。

相手に多少の負担をかけてしまうので、丁寧にお願いするでしょう。そうすれば、相手も親切に対応してくれるはずです。

実は、誰かが問題として動きだすと、それを同じように問題と思っている人も動きだすのです。

行動すればするほど、私たちは一人の力の限界を感じます。すると、やり続けるためには周りをどう巻き込むのか、という視点になっていきます。だから自然と感謝の言葉が相手に言える。ちょっとしたお願いごとをして感謝をする。これが職場で繰り広げられるので一致団結していくのです。

# 06 面談のスキルを手に入れれば一生のあなたの宝になる

## 「面談」が家族を変える

ここまで、会社内でのお話をしてきましたが、実は多くの家庭で、びっくりするくらい家族間の「会話」がされていません。「私は家族といつも話をしていますよ」と思っている方も多いと思います。私も以前はそう思っていました。

でも、片方が話をしているという認識で、もう片方が話をしていないという認識ならどうでしょうか？

相手にこんなことを言われてませんか？

「最近話をしてくれないのね？」

「最近話を聞いてくれないのね？」
「最近会話がないよね？」

このような言葉が出てきたら危険信号です。

そもそも本当に話ができているのでしょうか？　その判断に次のような質問があります。

「相手は今、何に興味がありますか？」
「相手は今、何に困っていますか？」
「今、相手が仲良くしている人を知っていますか？」

答えに窮した方は、もしかして最近面と

■家庭崩壊に繋がる危険信号

こんな言葉が家族から出たら危険信号

最近、話を
聞いてくれない……
最近、私たち
会話が
ないよね！
最近、話を
してくれないね？

向かってお相手と話をされていないのではないでしょうか。

そもそも会話の目的とは、相手の「今」を知ることです。しかし寝食を共にする家族間では、「今」の相手のことも知っているように感じてしまっています。

人は絶えず変化しているのです。


「もし困ったら相談があるだろう？」

「何か問題があればその時に話せばいいのでは？」

「どうせいつもの話だろ？」


と思っていませんか？　私自身の経験でいえば、家族だからこそ一度壊れると元に戻るまでに大変な労力がかかってしまいます。知ってるつもりになる前に、「面談」のスキルを使ってほしいのです。

そこで、「面談マンダラシート」が役に立ちます。これを使えば相手のことを自然と知ることができます。

「今度部下の面談があるから練習したいから手伝ってもらえないか？」
「上司から必ず練習しろと言われているからお願い！」
「面談に付き合ってくれたら好きなものを食べに連れて行くから」

とお願いすれば、最近会話が減った息子さんや娘さんと話をするチャンスになるかもしれませんよ。是非チャレンジしてみてください。

## 「面談」で自分がわかる

面談を多くの方とすればするほど、人の感覚や考え方の多様性に触れていきます。自分と相手は違う考え方をしている。それは当然わかっていながら、時にはあまりのことに怒りや失意に沈むこともあるかもしれません。

しかしそれは、あなたの大事なことを気づかせてもらえるチャンスでもあるのです。

自分とは違う感覚や考え方に接すると、自分のことがわかってきます。そして「自分らしさ」が形成されます。特に自分の素晴らしさは、なかなか気づきにくいものです。

例えば海外に行くと、改めて日本の素晴らしさを感じることがあります。諸外国に比べて治安も比較的に良いですし、四季も豊かです。親切な人も多く勤勉で、交通機関が時刻表通りに運行されていることに海外ではびっくりされます。自国のことを知りたいならば、他国のことを知ることが大事です。

これと同じように、自分のことを知りたいのであれば、まずは他人を知ることです。正しい面談は相手の内面まで触れていきます。相手の内面に触れることにより、自分自身もより深く知ることとなるのです。

今現在多くの人が、自分に自信を持てないでいます。そのような人にはぜひ、多くの人と面談をして欲しいのです。面談をすればするほど、多くの価値観に触れることができます。自分とは異なる価値観に触れるからこそ、その中で自分の素晴らしさや自分の得意なことに気づいていくものなのです。

# 第2章

# 正しい面談が部下を動かす

# 01 正しい面談の事前準備

## 「面談にも技術がある」と気づいた出来事

私は、自分がある面談を受けた時に、面談にもスキルがあるということに気づきました。部下との面談を面倒だと感じ、大事だとわかっていてもなかなかスタートできないという話を面談の専門家にした時です。

私「部下との面談を始めようと思うのですが、なかなかきっかけがなくて……」
専門家「きっかけがなくてできていないのですね？」
私「そうなんですよね……、きっかけさえあれば……」
専門家「ではどのようなきっかけがあればいいのですか？」

私「う〜ん部下にまた変なこと始めたな、と思われなければいいですかね?」

専門家「変なことを始めた? それはイヤですね。では本当はどのように思ってほしいのですか?」

私「おっ! 面白そうだな! と感じてもらえれば嬉しいですね。どこかにスタートしやすい道具か何かあればなおいいですね」

専門家「では面白そうだなと部下に感じてもらえたり、面談のスタートしやすい道具みたいなのがあればいいのですね」

私「はい! その通りです。面談を取り入れている企業がどのようにスタートしているのか調べてみます」

このように面談が進み、その結果、私は自分なりの面談のスタートキットである「面談マンダラシート」を作ったのです。面談で本当に自分が欲しているものが何かわかり、その後はスムーズに展開しました。「これが専門家か……」と思ったのを覚えています。

面談は、面談する側の力量が大きいと感じやすいものです。確かにその一面はあるのですが、スキルさえ身につければ誰でもできます。

どのようなスキルが必要なのかは第5章以降で解説します。

## 「面談」が人を動かす

では、どうして正しい面談が人を動かすのでしょうか？

それは、正しい面談は最後に必ず「約束」があるからです。

私たちは他人との約束は大事にします。ですからこの「約束」を正しい面談では上手に使います。

「英会話を習おう」「フィットネスに通おう」と思っていても、自分の中だけで留めておくと忘れてしまいます。

では誰かに伝えたり、することを他人に約束した場合はどうでしょうか？

忘れますか？　たとえ忘れたとしても、相手が覚えていたりします。私も以前に「本を出そうと思う！」と話した相手が5年経過しても覚えていたことがありました。

約束を破ることは自分の評価が下がりますし、相手の期待も裏切ってしまうのです。これはいくつもの「ニーズ」が痛みを感じてしまいます。これについては、後ほど詳しく解説します。面談では「約束」することが大事なのです。

面談では、最後に必ず次回までの「約束」を作ります。それがあなたと相手の信頼の架け橋になっていくのです。

## 「面談」は社員の才能をお金に変える手法

正しい面談がどうして社員の才能をお金に変えるのでしょうか？

私の個人的な意見になりますが、活躍している人とそうではない人には大きな差はないように感じます。

では、何が違うのか？　それは、エネルギーを集中させているかどうかの違いです。活躍している人は自分なりのやり方を持っています。そこにエネルギーを集中させているのです。

例えば、営業の手法で、毎月ハガキを出すというものがあります。このご時世、ハガキはとても新鮮で、相手に印象を残すことができます。それが毎月送られてくるわけですから、何か困った時にはまずその人の顔が浮かぶようになるという寸法です。他にも様々な営業手法がありますが、活躍できていない人に共通することは、良いことだ、効果があるかもしれないとわかっているに継続できないのです。その理由は、自分のエネルギーを集中させていないからなのです。

活躍できていない人は、別な言い方をすると優先順位が決められないのかもしれません。

面談を進めていくと必ず仕事の優先順位という課題にぶつかります。

何が一番大事なのかわかっているのにできない人や、目の前の問題に振り回されてきない人や、目の前の問題に振り回されて優先順位がおろそかになってしまう人には、

■活躍できる人、そうでない人の差

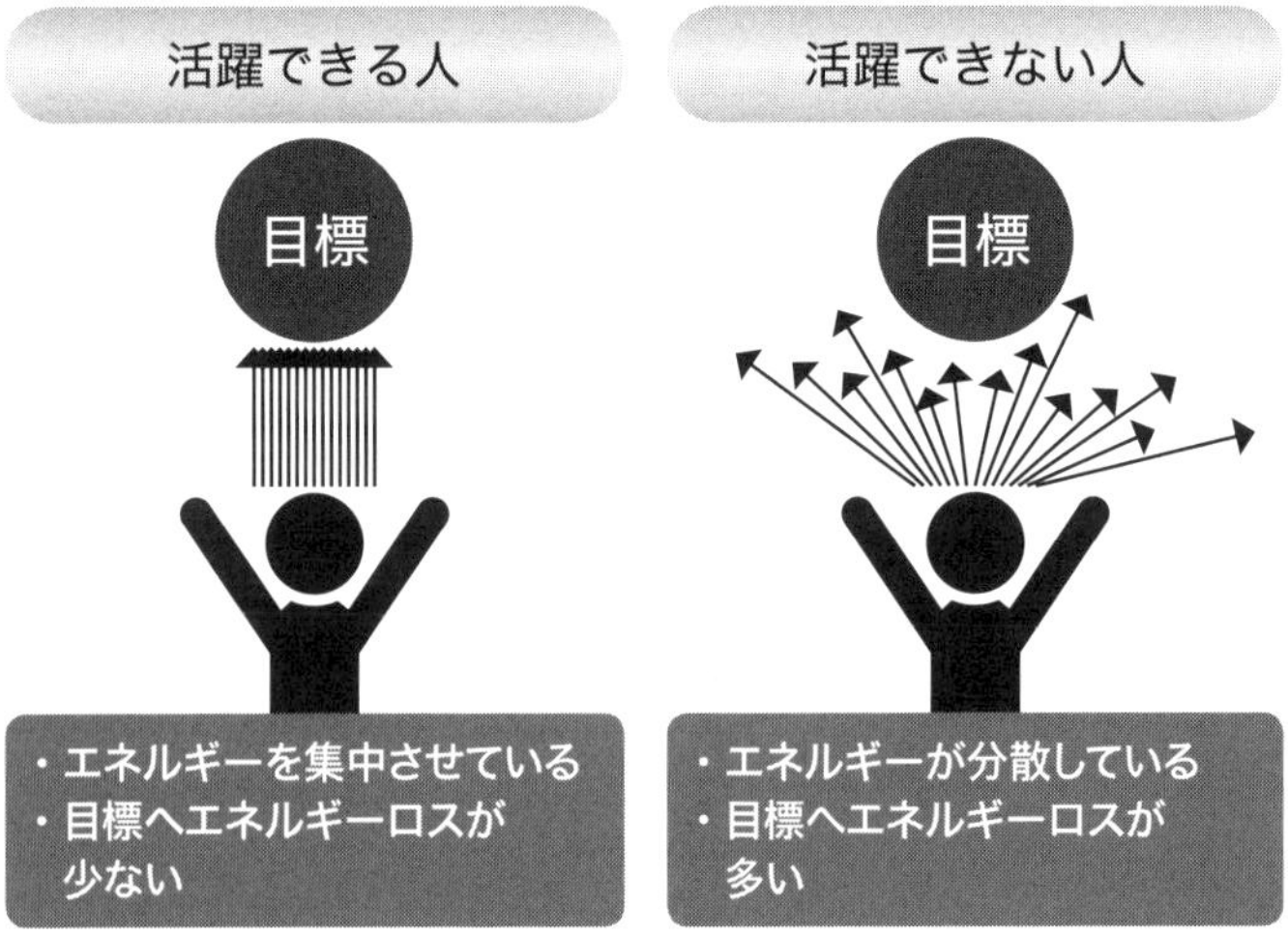

何かしらの「障害」が立ちふさがっているのです。

その主な障害は「時間」「自信」「お金」です。


「時間がないのでできません」

「自信がないのでできません」

「予算が足りないのでできません」


確かにその通りなのでしょう。

しかし、上司であるあなたはこの言葉を使いますか？

言いたくても部下の前では言いませんよね？　時間も自信も予算もなんとかするもんだと思っているから、今の立場にいるのです。これまで多くのチャレンジをしてきたから、そのような考え方になったのではないでしょうか？

ですから部下のチャレンジを応援してほしいのです。部下たちも、自分でなんとかしたいと思っています。面談でそっと背中を押し続ければ、多くのチャレンジを乗り越えて社員の才能が開花します。その結果としてお金を生むようになるのです。

## ほとんどの人が自己流だから学べばそれだけ差がつく

面談の内容は悩みや進路、はたまた家庭にまで及ぶので、1対1の密室で行われる場合が多いです。そうなると、他の上司がどのような面談をしているのか詳細がわからず、自己流になってしまいます。

自己流でも間違っていなければよいのですが、もしかしたら部下の才能をつぶしているかもしれません。自分の面談がうまくいったのか、正直わからないのが自己流の欠点なのです。

しかし、これは当然です。ほとんどの上司が自己流で面談をしているのですから。

では、どうすればよいのでしょうか？

答えは簡単です。面談の専門家にまずご自身が「面談」してもらうことです。そこからスキルを学びましょう。

## 「面談」する前に戦略を立てる

面談をする前には必ず戦略を持っていなければいけません。

面談での戦略とは、その部下に将来的にどうなってほしいのかを考えることを指します。

面談の最初の目的は相手の「行動」です。その「行動」を促すには戦略が必要なのです。

難しいことではありません。ただこのような戦略で進んでいくことが大切だとわかっていればよいのです。戦略と聞くと難しく聞こえますが、ここでの戦略とは下図のように進んでいくことだと理解していただ

■面談の戦略

したいことや問題点に気づく
▼
やろうとする
▼
できない
▼
何が障害だったか探す
▼
障害を力づくで乗り越えようとする
▼
失敗する
▼
障害を上手に乗り越える方法はないか探す
▼
試して乗り越える

ければ大丈夫です。

この戦略には、部下の「挫折」と「失敗」が不可欠です。

失敗こそ一番得難い経験なので、部下の「失敗」や「挫折」は歓迎するべきものです。そうはいっても、上司であるあなたには面白くないことも多々起こると思います。部下の尻拭いをするはめになることもあるでしょう。

しかし、優秀な部下が欲しいなら、自分が困っている時に助けてくれる仲間が欲しいのなら、それを得るためにここは耐え忍ぶことが必要かもしれません。だからこそ「戦略」を持って行動してほしいのです。

ここで補足として、「失敗」や「挫折」は大きさではなく回数が重要です。小さな失敗と小さな成功をたくさん積み重ねることが、部下がお金を生むようになる近道なのです。

## どうして失敗は回数を重ねることが重要なのか？

普通に考えれば、失敗しないに越したことがないと考えられますよね。しかし私は失敗の数が多ければ多いほど良いと皆様にお伝えしています。

うまくいっている方は、実は多くの失敗経験をしています。その失敗を上司にカバーしてもらったり、同僚や部下、取引先の方に助けてもらったなどの話をよく聞きます。

確かに失敗した時は良い気持ちはしないですし、周囲へ迷惑もかかります。

しかし失敗を重ねることで得るものもあります。それが失敗への「慣れ」なのです。

車の運転も、ドキドキしながら小さなミスや失敗を繰り返し慣れていきます。車に乗って出かけることへの恐怖感が、いつの間にか慣れることで、なくなっているのです。それと同じように失敗に慣れてくると失敗への怖さが減っていきます。

それどころか失敗をおそれずどんどんチャレンジできるようになるのです。

どうしてチャレンジできるようになるのかというと、失敗した時のダメージをある程度、予想できるようになるからなのです。

だからこそ、あなたがよりよくなるには多くの失敗を重ねることが重要なのです。

# 02 より良い面談を行うには？

## 「面談」は継続が大事

面談は定期的に継続することが大事です。1回目の面談で何もかも完結する必要はありません。

しかしほとんどの面談においては、30～45分間の1回で何かしら実行まで移さないといけないという状況になっています。これでは自分が意図したように進まない、部下の悩みが解決できない、返答できない場合などに焦燥感が生じてしまいます。

例えば、以下のような面談が以前ありました。

「実はうちの子供が不登校で困っているんです」

このような悩みを面談で言われたとしたら、どうしますか？

「えっ！　そんな家庭の話は困る」とスルーしますか？　それではあなたを信じて相談した相手は、あなたのことを二度と信用しなくなってしまいます。

「そのうちよくなりますよ」
「時間が解決しますよ」
「専門家に相談してみたら」

などの答えを濁すような言葉では、相手に失望感を与えてしまいかねません。

では、次回の面談が決まっていたらどうでしょうか？

■部下を落胆させてしまう面談の進め方

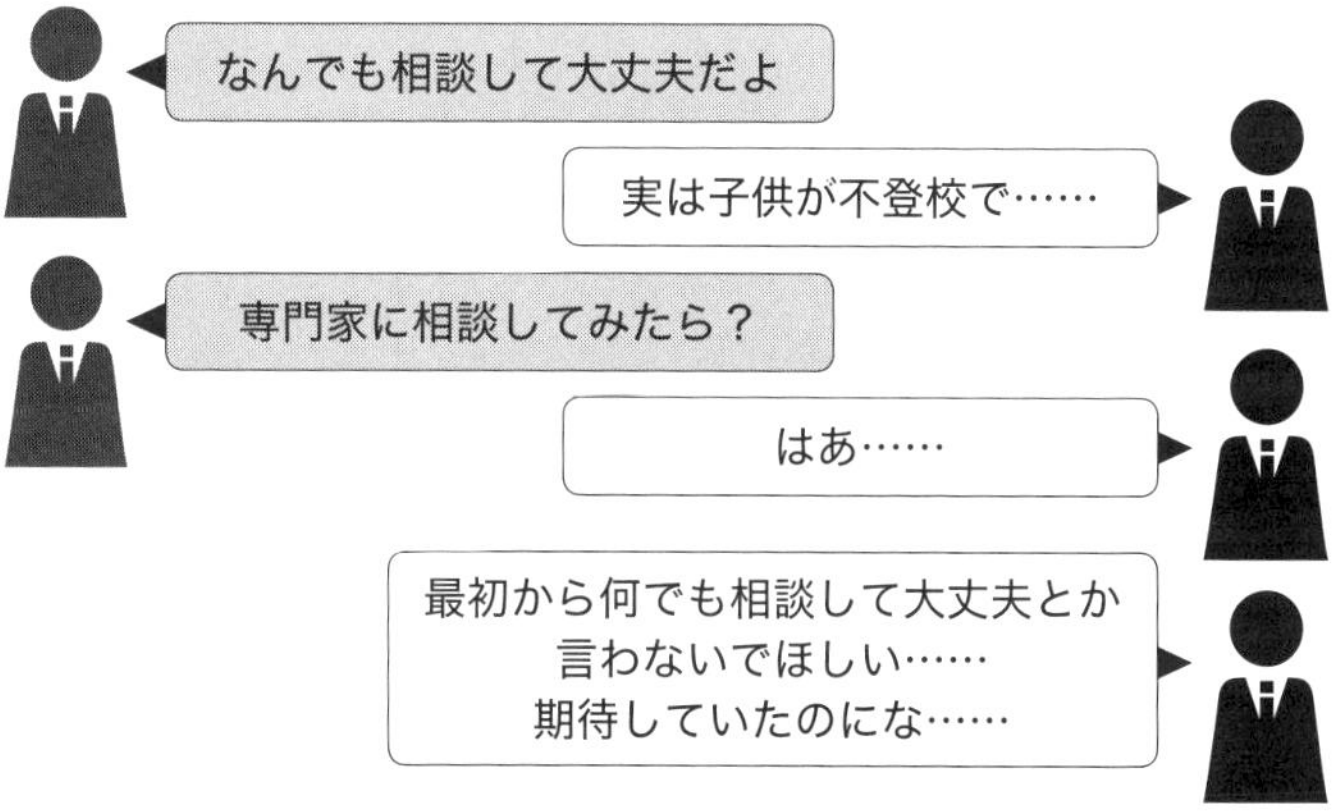
なんでも相談して大丈夫だよ
実は子供が不登校で……
専門家に相談してみたら？
はあ……
最初から何でも相談して大丈夫とか
言わないでほしい……
期待していたのにな……

プライベートの相談事をされても慌てずに！
次回も面談があると上司側に心の余裕が生まれる

「次回までに自分も調べてみるよ!」
「何か良い方法がないか次回までに一緒に探そう」
「知り合いに同じような悩みの人がいたから聞いてみるよ」

と答えられますよね。結果として解決法が見つからなかったとしても、考えてくれたことに感謝するのです。

ですから面談は継続することが大事なのです。

## 面談では紙に書くこと

面談をする際には、手順を追って進めることをお勧めしています。そのためのツールがあると便利です。ここで特に大事なのは、紙に書くという行為です。紙に書くことは視覚と聴覚と体感覚という3つの感覚を使うことになるので、より鮮明になるからです。そのためにシートを3つ用意しています。

○面談マンダラシート
○改善マンダラシート
○企画マンダラシート

最初の面談の際には「面談マンダラシート」を使うことをお勧めしています。これは、まず面談する前のオリエンテーションを目的としています。部下と何を話してよいかわからないという上司の不安を払拭するシートになります。

2回目の面談で使うのが「改善マンダラシート」です。上司としては会社批判ばかりされても困りますし、なるべく前向きな改善案がほしい、余計なトラブルを持ってこないでほしいという欲求があります。このシートである程度こちらで面談の内容をコントロールします。

3回目の面談で使うのが「企画マンダラシート」です。これは2回目にやった業務改善マンダラシートで部下が挙げた改善案の中から、あなたと部下が気になった項目をより詳細に決めていくシートです。このシートを使うことで漠然としていた業務提案がまとめられていきます。

この3つのシートを使うことにより、部下は企画書を作る方法を得られます。シートがなければ部下は不満や改善策を上司に伝えたことに満足し、それを上司がなんとかしてくれるものだと考えてしまいます。そうならないようにあくまでも改善するのは本人であることをわかってもらうために、一緒にマンダラシートを作っていくのです。何度か繰り返すうちに、部下は自分で考えマンダラシートを埋めて持ってくるようになります。そして埋めきれていないところを上司と一緒に考えて埋めていくという過程が、部下の成長の道筋になるのです。

書き方などは第4章で詳細に解説します。

## 面談は5つのステップで行う

目的を果たせなければ面談の意味がありません。

面談はある程度、決められたテンプレートに沿って行うべきです。上司のあなたが突然、「面談をする」などと言い出したら、部下は訝るし、面談する側のあなた自身も何をすればいいのかと混乱します。流れを事前に把握しておけば、話が脱線することも防げます。

次のようなステップを踏めば、面談の目的を果たせるでしょう。

①ルールを確認する
②何をどのようにしたいか確認する
③障害が何かを確認する
④障害をどのように乗り越えるか確認する
⑤次回までの課題を確認する

①いきなり面談をすると言われても、部下は混乱してしまいます。自分は何か悪いことをしたのかと捉える人が多いと思います。なのでまず「面談」のルールを確認します。
②部下はいろいろな悩みや改善策を持っています。それを確認する必要があります。しかし、いきなり次のような質問をするのはタブーです。

「やりたいことはありますか？」

「業務改善案がありますか？」

「困ったことはありますか?」

何かの査定なのではという不安が拭えず身構えてしまい、部下から話が聞けなくなります。

③何かをやりたい、改善したいと思っているのに実行できていないということは、何かしらの障害があるのです。その障害が何かを一緒に確認することが大切です。

④障害を乗り越える方法はわかっていても、それを実行すべきか迷っている場合が多いのです。許可や協力を得ることによって、自信を持って部下はその障害に立ち向かうことができるのです。

⑤次回の面談までに何をするのかを明確にしておきます。ここが曖昧だと、結局できたのか、できなかったのかがわからない状況になってしまうのです。

第3章

# 心理を学べば部下がわかる

# 01 人が動く動機を知る

## 何が変わったのかをつかもう

今多くの上司が、部下が以前と同じ方法では動かなくなったと感じています。部下のニーズの変化が起こり、自分が部下だった時に受けたやり方が通用しなくなってきました。

時代は常に変わっておりこれからも変わり続けていくことでしょう。ですから今後も部下を持つあなたは、時代が変わっても通用する、普遍的なスキルを身につける必要性があるのです。まずはそのために人の行動の基本原理から学んでいきましょう。

まず端的にお聞きします。人が行動する理由はなんでしょうか？

私たちは人生の中で常に、行動するのか、しないのかを選択しています。休日に遊びに行くのも行動ですし、どこにも行かず家でゆっくりするのも行動です。

では、どのように選んでいるのでしょうか？

様々な答えが出てきそうですが、行動するかしないかには2つの理由しかありません。それは「痛みを避ける」と「快楽を得る」の2つの理由です。

行動するのもしないのも「痛みを避ける」ためか「快楽を得る」ためのどちらかしかないのです。

この「痛みを避ける」「快楽を得る」とはどのようなことなのか、次から解説していきます。

■人の行動原理は2通り

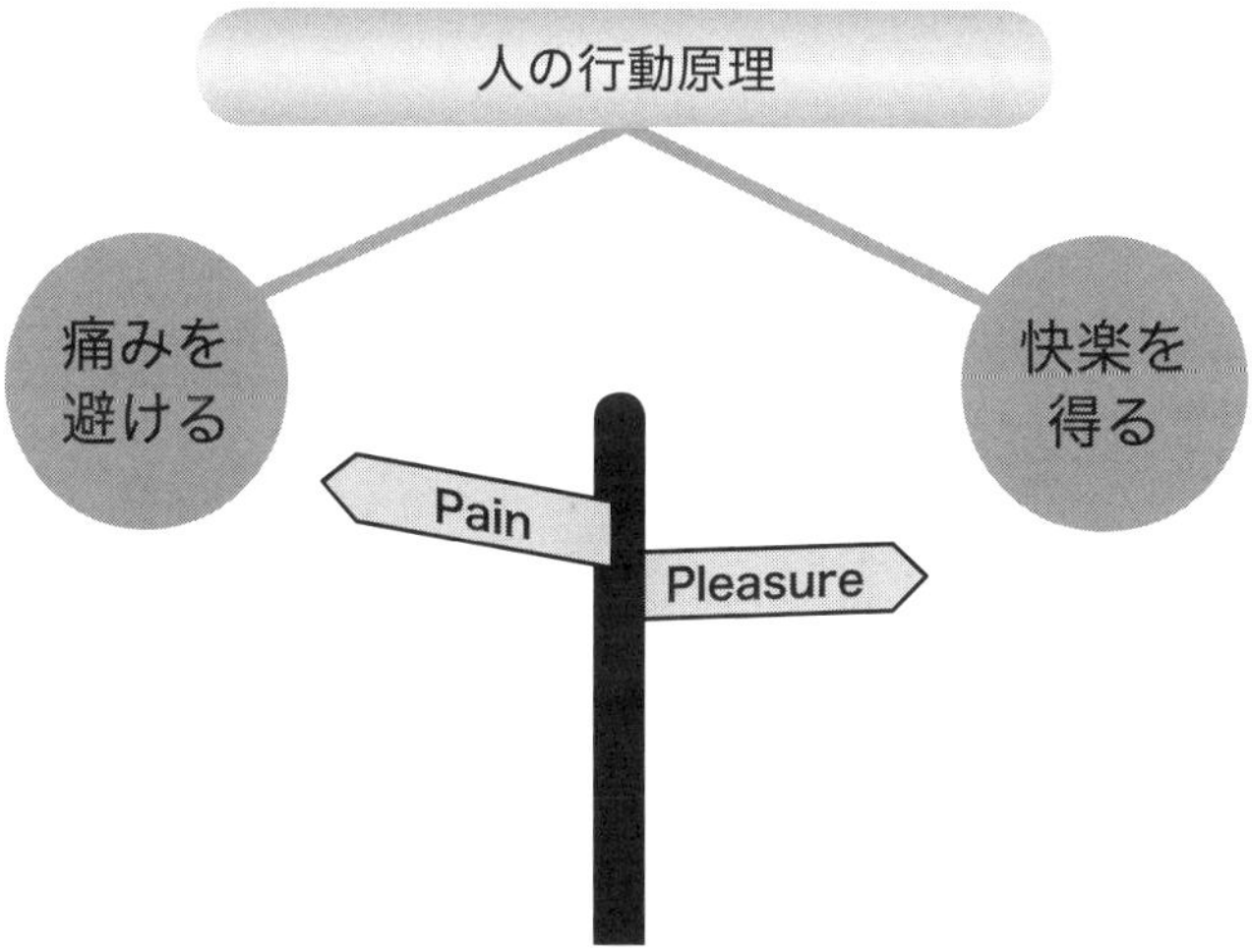

## 人の行動原理「痛みを避ける」

「痛みを避ける」とは、嫌なこと、苦手なこと、やりたくないことから逃れようとする行動原理です。

小さい頃に、先生に怒られたくないから頑張って宿題をした経験はありませんか？「先生に怒られるのが嫌だ」と感じることが、ここでいう「痛みを避ける」になります。

このことからもわかるように、私たちは「痛み」を避けるために行動します。

職場での痛みには、「叱責」「罰金」「減給」「降格」「懲戒」などがあります。これを避けるために社員たちは行動してたのです。この「痛み」は、飴とムチの「ムチ」にあたりました。しかし時代が変わり、この使いやすかった「ムチ」が自由に使えなくなってしまいました。ムチを使いすぎるとパワハラ・セクハラなどと言われ、あっという間に労務問題に発展します。最悪の場合「労働基準監督署」に駆け込まれてしまいます。

昔に比べてムチは使いづらくなっているのです。

## 人の行動原理「快楽を得る」

「快楽」とは、飴とムチでいうところの「飴」です。しかし、今までの「飴」のやり方では通用しなくなっているのです。

誰もが喜ぶ「飴」は「お金」です。かつての高度経済成長の時代なら年月の経過とともに「飴」も増えていきました。ですから働く側は「痛み」を我慢すればもっと「飴」がもらえると認識していたのです。

ところが今は低成長時代です。「痛み」を我慢したとしても「飴」が劇的に増えるということはあまりありません。むしろ社会保障や他の税金が増えていて、「飴」は増えるどころか目減りしているのです。このような社会背景から「お金」という「飴」でやる気を引き出すのは難しくなっています。

では、どうしたらよいのでしょうか？

ここで皆さんが大好きな「お金」について考えてみましょう。

「お金」は何かと交換できるから意味があるのであって、交換できなければただの紙です。お金で何かを交換して、その時に得られるであろう感情を私たちは欲しています。

「おいしいご飯を食べて嬉しい」
「家族を喜ばせて満足」
「新しい服を買って自慢したい」

このような相手が欲している感情がわかれば、それを提供することができます。それはつまり、相手にとっての「飴」になるのです。

自分が欲しい「飴」があるのなら、人は喜んで動きます。

## 時代に合わせた飴とムチ

これまで、多くの企業が飴とムチで人を動かしてきました。

良い行いをすれば褒めて、悪い行いを行えば叱るという教育方針を持つ方は多いでしょう。部下の育成も同じように捉えている方は多いです。これは決して間違ってはいません。

しかし、この飴とムチが時代の変化とともに万能ではなくなってきたのです。

まず飴ですが　昔は給与が上がったり、昇進することが飴であると考える人がほとんどでした。自分らしく働きたい、給与はそこそこでいいから休みが欲しい、などと考える人もいます。そのような人には、昇進の話をしても飴になるどころか、嫌がられる可能性すらあるのが今の時代なのです。給与を上げ続ければいいと考えることもできますが、無限に給与を上げ続けるわけにもいきません。飴もただ与えれば良いという時代から与え方に工夫がいるようになったのです。

ではムチはどうでしょうか？　昔のように乱暴に使うと、パワハラだと訴えられたり、指導していた部下が辞めていく、ということも増えてきました。実はムチも時代とともに使うには工夫が必要になっているのです。

時代の変遷と共に、画一的な飴は効果が薄れ、ムチもおいそれと使うわけにはいかなくなりました。ですから、部下の指導でも新しい概念が必要になってきているのです。

それが、ニーズを把握し、相手に合わせた飴とムチを使うという新しい概念なのです。

# 02 6つの人間の欲求

## アンソニー・ロビンズの教え

世界ナンバー1コーチといわれているアンソニー・ロビンズをご存知でしょうか？

アンソニー・ロビンズはベストセラー作家であり、講演家です。彼が提唱するもののひとつに「シックスヒューマンニーズ」といわれるものがあります。日本語に訳すと「6つの人間の欲求」です。

私たちの言動すべてが、6つのニーズのどれかを満たすために行われているという考え方です。

人には、お金が欲しい、お腹がすいた、新しい服が欲しいなど多くの一時的または恒久的な欲求があります。ロビンズは多くの欲求を別種の欲求と捉えるのではなく、6つの欲求にすべて分類できるという考え方を伝えています。

この6つのニーズは基本的に人間が求めているもので、ただ大切にしている欲求の種類が人によって違うのです。その違いが価値観の違いや個性となって現れているのです。

また6つのニーズには、片方が満たされると片方が満たされない「対」の関係性があるとしています。

対になるニーズは「安定と不安定」「重要感と愛つながり」の2つです。これらは片方が満たされると、もう片方の欲求が強まります。しかし「成長」「貢献」は対立しないとされています。

■ニーズはバランス

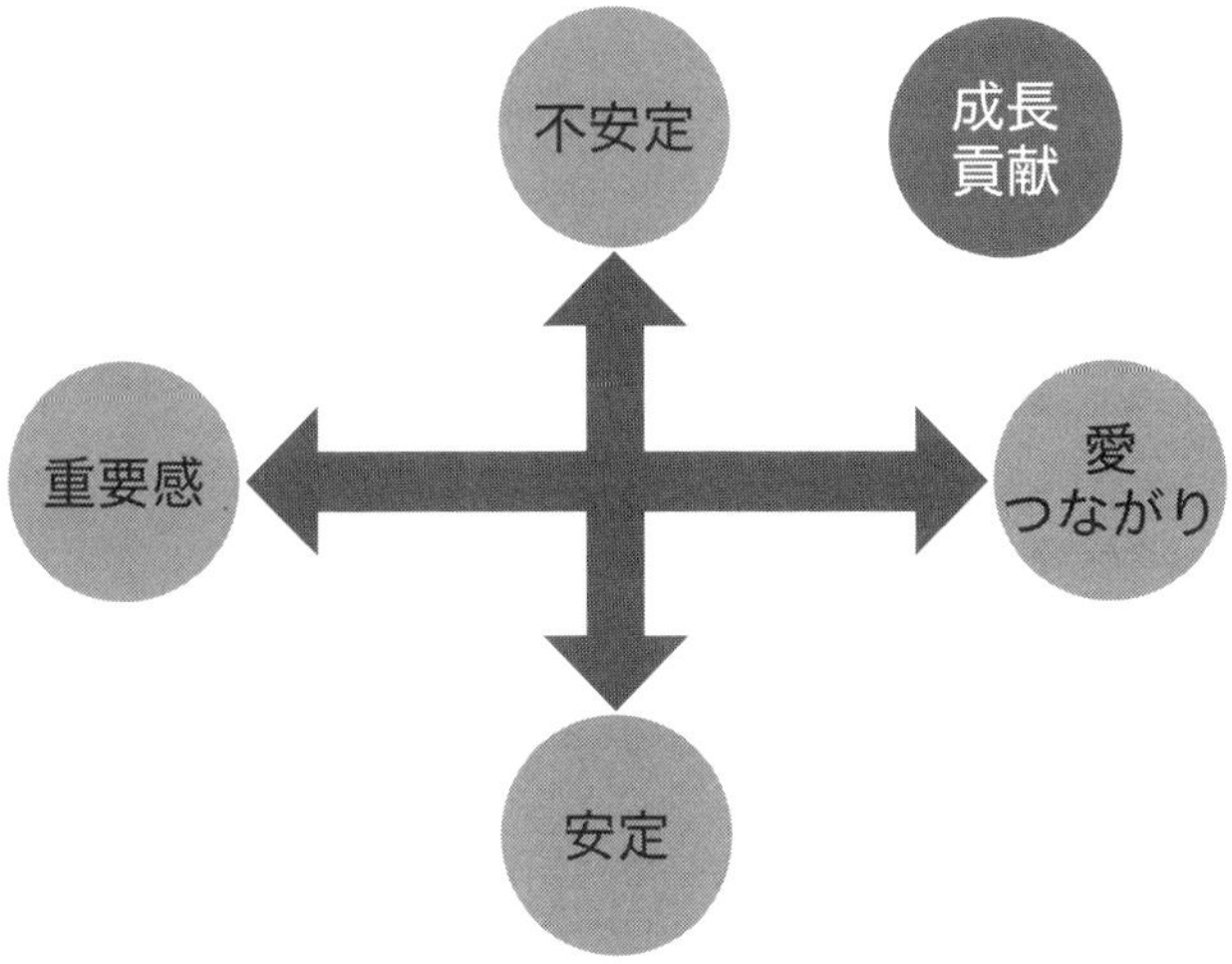

## 安定感

　安心したい、ホッとしたいなどの安全に過ごしたいという欲求です。

　この「安定」の欲求が強い人は、次のような仕事でも応募します。

「1年間のお仕事です。3食賄いつきで、安全な寝場所も用意します。労働時間は1日12時間、休みは週1日、給与は5万円です」

　こんな条件で働く人などいないと思われるでしょう。しかしそれは恵まれた現在の日本だからです。内戦中の国でこのような募集があったらどうでしょうか？　戦時中や、戦後の日本だったらどうでしょうか？

■安定を求める人

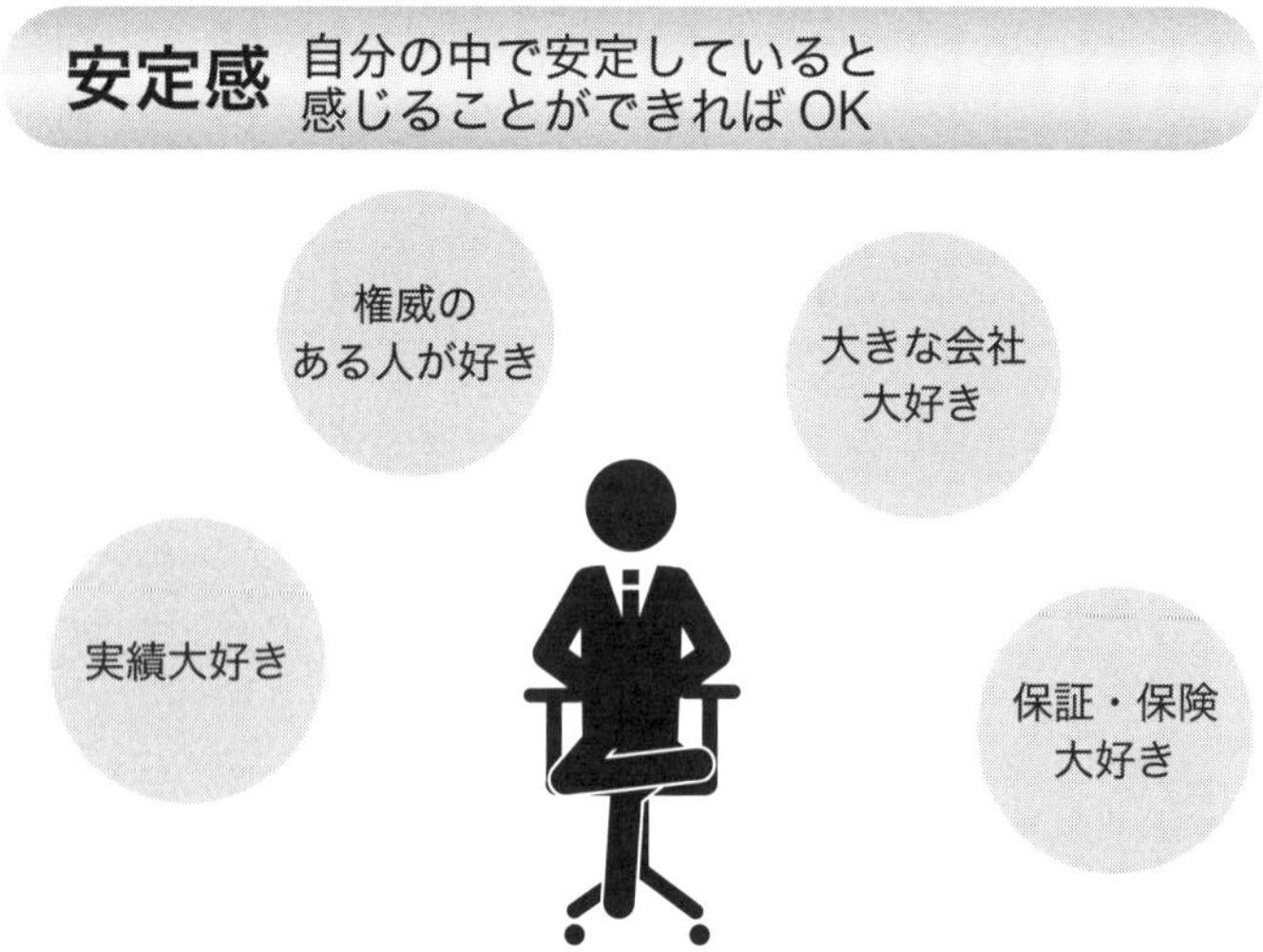
安定感
自分の中で安定していると
感じることができればOK
権威の
ある人が好き
大きな会社
大好き
実績大好き
保証・保険
大好き

おそらく多くの人がこの募集に殺到するでしょう。その人にとって安定している、もしくは安心できると感じることができれば魅力的な仕事となるのです。

## 不安定

自由でありたい、ワクワクしたい、縛られたくないなどの欲求で、「安定」と対になっています。

この「不安定」の欲求が強い人は、次のような仕事でも応募します。

「1年間のお仕事です。仕事はあなたが以前から提案していた新規事業です。労働時間は1日12時間、休みは週1日です。給与

■不安定を求める人

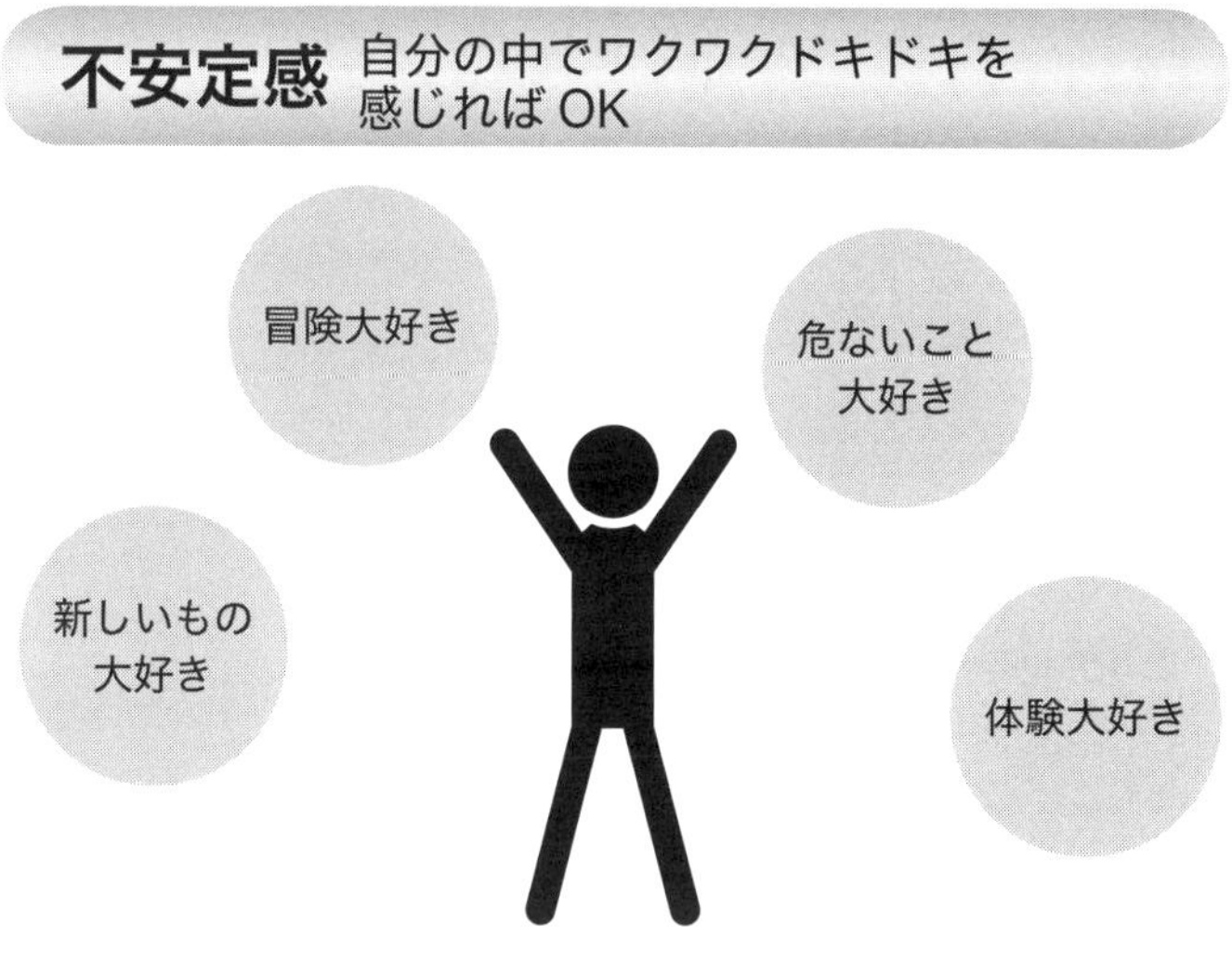
不安定感 自分の中でワクワクドキドキを
感じればOK
冒険大好き
危ないこと
大好き
新しいもの
大好き
体験大好き

は5万円です」

例えばアイドルになりたい女の子、ホストに憧れる男の子、ベンチャー企業に希望を抱く人などは過酷だと思われる労働環境でも喜んで働きます。その人にとって楽しそうで、ワクワクすると感じることができれば魅力的な仕事となるのです。

## 重要感

認められたい、褒められたい、尊敬されたいという欲求。

この「重要感」の欲求が強い人は、次のような仕事でも応募します。

「1年間のお仕事です。100人の部下を

■認められたい人

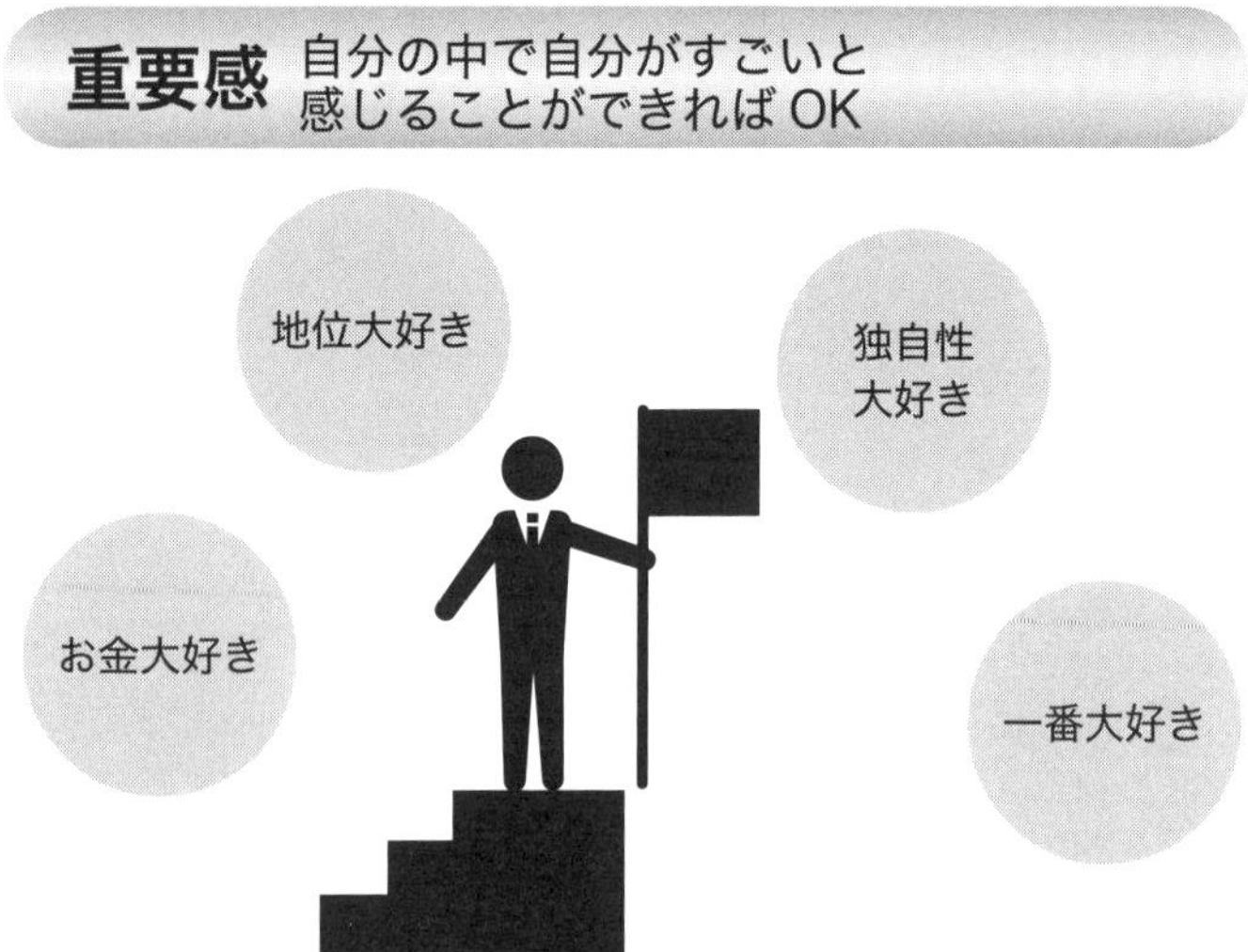
重要感 自分の中で自分がすごいと感じることができればOK
地位大好き
独自性大好き
お金大好き
一番大好き

指導して世界初の事業を行ってください。労働時間は1日12時間、休みは週1日、給与は5万円です」

例えば各種法人会などの団体の幹事を精力的に活動している人です。ほとんど無給に近いのに、とても楽しそうに活動に従事しています。

自分が活躍できるのなら、社会に認められるのならと応募してきます。その人にとってかっこよく、誇れると感じることができれば魅力的な仕事となるのです。

## 愛つながり

嫌われたくない、人と一緒にいたいとい

■愛を求める人

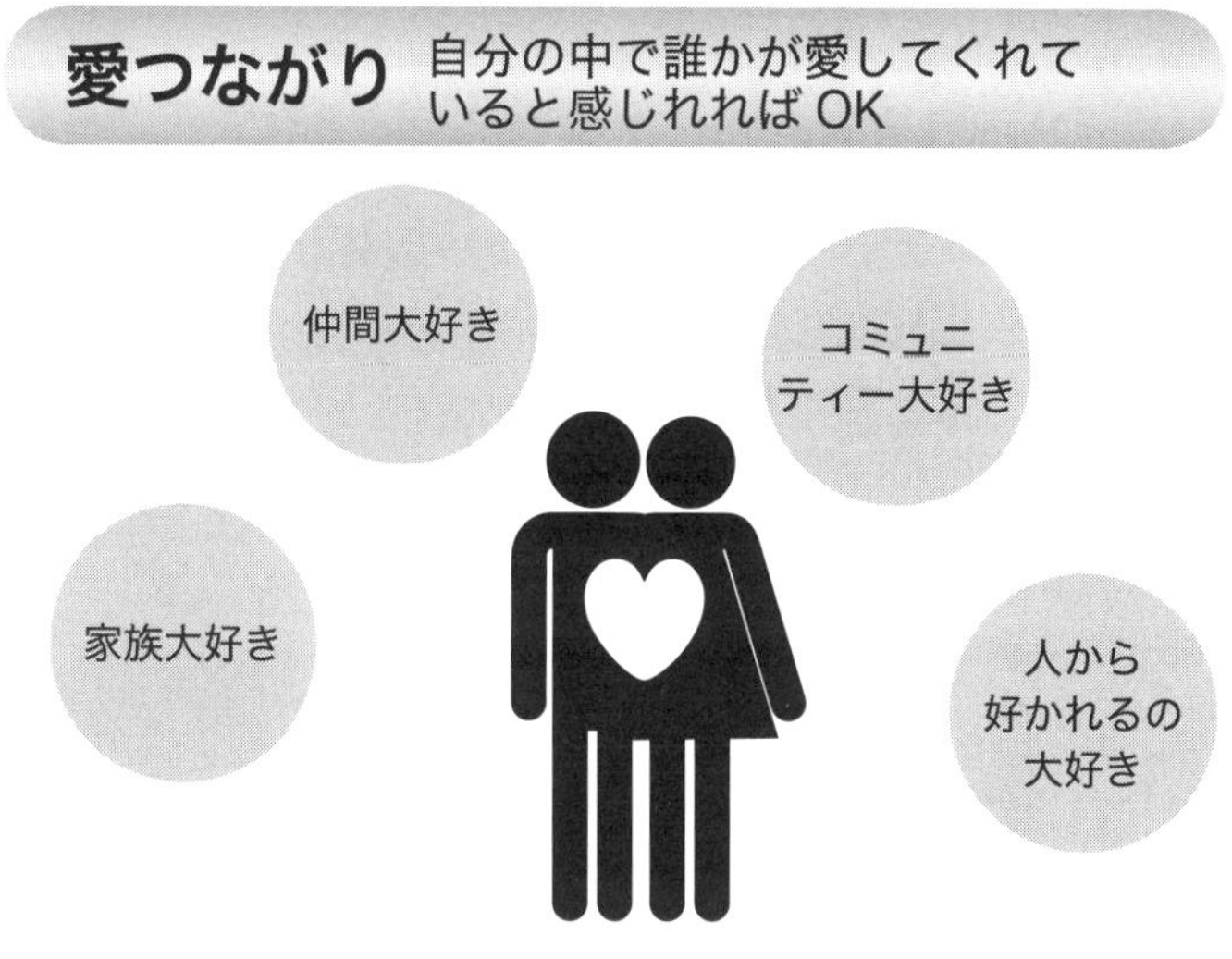

う欲求で、「重要感」と対になっています。

この「愛つながり」の欲求が強い人は、次のような仕事でも応募します。

「1年間のお仕事です。この仕事で一生涯のかけがえのない仲間たちと出会うことができます。労働時間は1日12時間、休みは週1日、給与は5万円です」

過酷な労働環境でも友達が働いているなら応募してきます。その人にとって愛されている、皆と一緒であると感じることができれば魅力的な仕事となるのです。

## 成長

成長したい、学びたいという欲求です。

■成長したい人

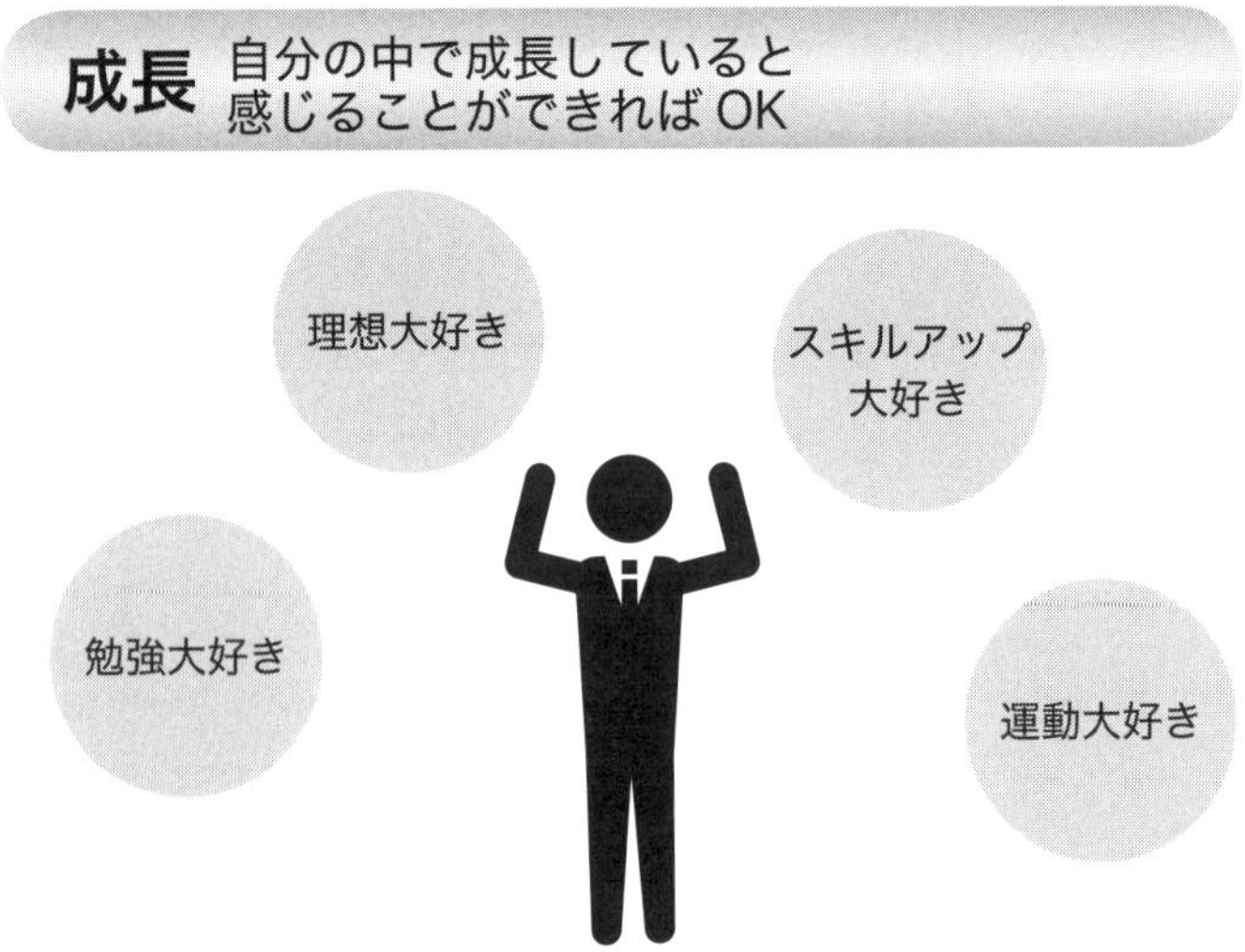
成長 自分の中で成長していると感じることができればOK
理想大好き
スキルアップ大好き
勉強大好き
運動大好き

対になる欲求はありません。

この「成長」の欲求が強い人は、次のような仕事でも応募します。

「1年間のお仕事です。この仕事で人間的に成長できますし、人生でかけがえのないことを学ぶことができます。労働時間は1日12時間で、休みは週1日、給与は5万円です」

例えば料理人などの職人の弟子になる人です。給料も休みもいらない、ただスキルを習いたいと応募してきます。その人にとって成長していると感じることができれば魅力的な仕事となるのです。

■貢献したい人

貢献
自分の中で貢献していると
感じることができればOK
世のため
人のため
大好き
陰徳大好き
ボランティア
大好き
募金大好き

## 貢献

誰かの役に立ちたい、愛を与えたいという欲求です。対になる欲求はありません。

この「貢献」の欲求が強い人は、次のような仕事でも応募します。

「1年間のお仕事です。この仕事で誰かに直接感謝されることはありませんが、世界の安寧や世界のお役に立てるお仕事です。労働時間は1日12時間、休みは週1日、給与は5万円です」

例えばNPOや紛争中の地域でボランティアで働く人です。その人にとって誰かのためになってる、役に立ってると感じることができればよいのです。

もう少し補足しますと、赤ちゃんに対しての母親の愛情に近いと言われています。赤ちゃんに愛情を注いで何か得ようとか見返りが欲しいなどと考えないと思います。見返りを求めずに相手や何かを愛したいという気持ちが貢献になります。

また純粋な募金やボランティアも貢献になります。相手に見返りを求めずに相手に対して何かしてあげたいという純粋な思いこそが貢献というニーズになります。

## 部下が動けないのはこのニーズの対立

この6つのニーズを理解することができれば、部下が動けないもしくは動かない理由がわかります。端的に言いますと部下は動けないのではなく迷っている状態もしくは決断を先送りしている状態です。

例えば、あるプロジェクトのリーダーを決める時に、経験がある人をリーダーにするのか、もしくは新しい人をリーダーにするのか、どちらにしようと迷った経験はないでしょうか。

全く同じではなくても何かを任せる時にそのように悩んだことは多くの方があるのではないのでしょうか。この迷っている状態こそ、ニーズとニーズが対立している状態ということになります。

前述の例の場合は「不安定と安定の対立」になっていたと考えられます。

不安定……新しいリーダーなら今までと違う成果を出してくれるかもしれない。
安定……経験のあるリーダーに任せたら最低でも悪い結果にはならないだろう。

この2つの心理的な状況がいったりきたりしているので迷っているのです。
どちらかのニーズに大きく振れたとき、私たちは迷いが晴れて、決断できるのです。
不安定のニーズの方に大きく振れた場合

「今回は楽しく挑戦することも大切だと考えるから新しいリーダーでいこう！」

安定のニーズの方に大きく振れた場合

「今回は失敗が許されないプロジェクトだから経験のあるリーダーでいこう！」

このような心理状態になるのです。

誤解がないようにお伝えしますと、ニーズの話なので、どちらが良い悪いという話ではありません。どちらもそれなりに理由があるからこそ、対立して迷っているのです。この迷っている状態の時は、動くことが難しいのです。

これを上司の指示で取り除くのは、正直厳しいといわざるをえません。なぜならニーズの対立は自分で解決するしかないからです。自分で解決できないまま行動すると、命令されたから動いているという意識になり、生産性や活動意欲が下がってしまいます。

ニーズの「対立」は他人からはよく見えます。ヒントを与えて導くスキルが「面談」なのです。

■ニーズを上司が解決できないメカニズム

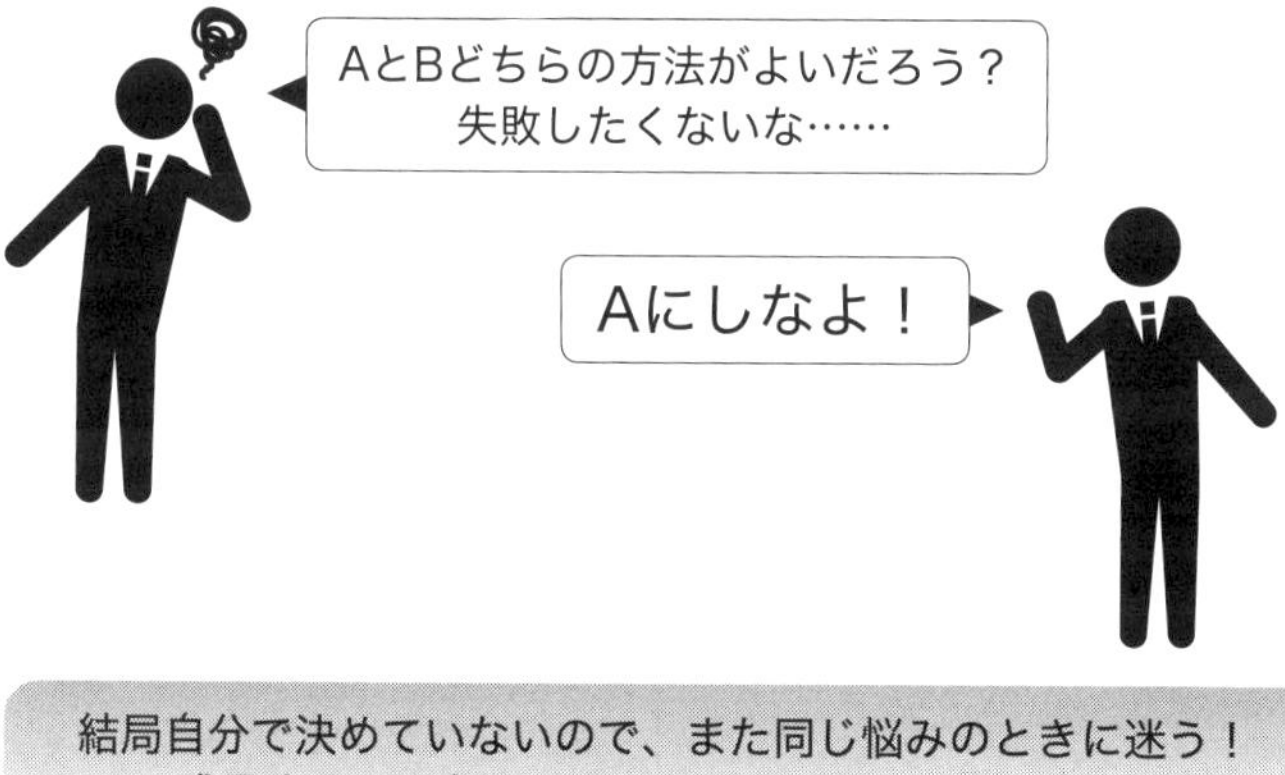
AとBどちらの方法がよいだろう？
失敗したくないな……
Aにしなよ！

結局自分で決めていないので、また同じ悩みのときに迷う！
成長するには自分で決めるというプロセスが必要。
人に決断してもらうばかりでは、成長しにくい。
子供と同じように、人は本来自分で物事を決めたい！

# 03 自分の言葉が部下に伝わらない3つの理由

## 伝わらない理由をつかもう

こちらの意図や考えが部下に伝わらなければ目的を達成することができません。しかし、どうも部下に自分の意図が伝わらないと感じている方もいるでしょう。

その最大の原因は優先感覚器官の違いです。

人は情報を五感で認識します。この認識する五感の優先順位が人によって違っているのです。

五感とは「視覚・聴覚・触覚・臭覚・味覚」を指します。

また、優先感覚器官は「視覚・聴覚・それ以外（触覚、臭覚、味覚）」の3種類です。

優先感覚器官が同じならとてもやりやすいのですが、何人もいる部下の中には自分とはまったく違う優先感覚器官の人もいます。そういう人と話してみると、どうも伝わっていないと感じるのです。ご自身の優先感覚器官が何か気になるでしょうから簡単なアンケートにお答えください。

**質問1　海と聞いて何を想像しますか？**

①海の色や景色
②波の音や風の音
③海で泳いでいる姿

**質問2　どのような夢をよく見ますか？**

①カラーの夢
②見ているようだが覚えていない
③全然見ない

質問3　あなたの話す時のスピードはどのような感じですか？

①どちらかというと早口

②どちらとも言えない

③どちらかというとゆっくり

質問4　あなたは服を買うのに迷った時、最終的に何で判断しますか？

①見た目

②機能か説明書き

③着心地か肌触り

質問5　考えながら話す時、次の言葉はどの程度のスピードで出てきますか？

①ひらめきで話すことが多いので、短い方

②どちらともいえないが、言葉を選ぶときは長いかも

③的確な言葉が出てくるのに時間がかかるので長い

質問6　人の話を聞く時の姿勢や態度はどのようなものですか？

①結論がわかってしまって、先に言ってしまうことがある
②相手の言葉の意味を考えながら、さえぎらず最後までしっかり聞く
③雰囲気を大事にしたいので静かに聞く（興味がないと聞き流す）

質問7　相手の話が理解できなかった時、どうしますか？

①話を止めてでもその場で質問する
②キリがよいところまで待ってから質問する
③わからなくても、なんとなく質問しないことがある

回答で①が多い人はVタイプ、②が多い人はAタイプ、③が多い人はKタイプです。

## 視覚型　V（Visual）型

V型：話す言葉を映像として認識できる視覚優位タイプ

特徴：早口、たとえ話が多い、話の展開が早い

早口な口調により、せっかちな人という印象を与えることが多いタイプです。目で見えるものを想像することが得意で、「海を想像してみてください」と言われると、頭の中では輝く太陽、青い海などが浮かびます。頭の中で映像化できていれば理解できているし、できなければ理解できないと判断します。頭の中で映像が流れていていて、そ

■視覚型の特徴

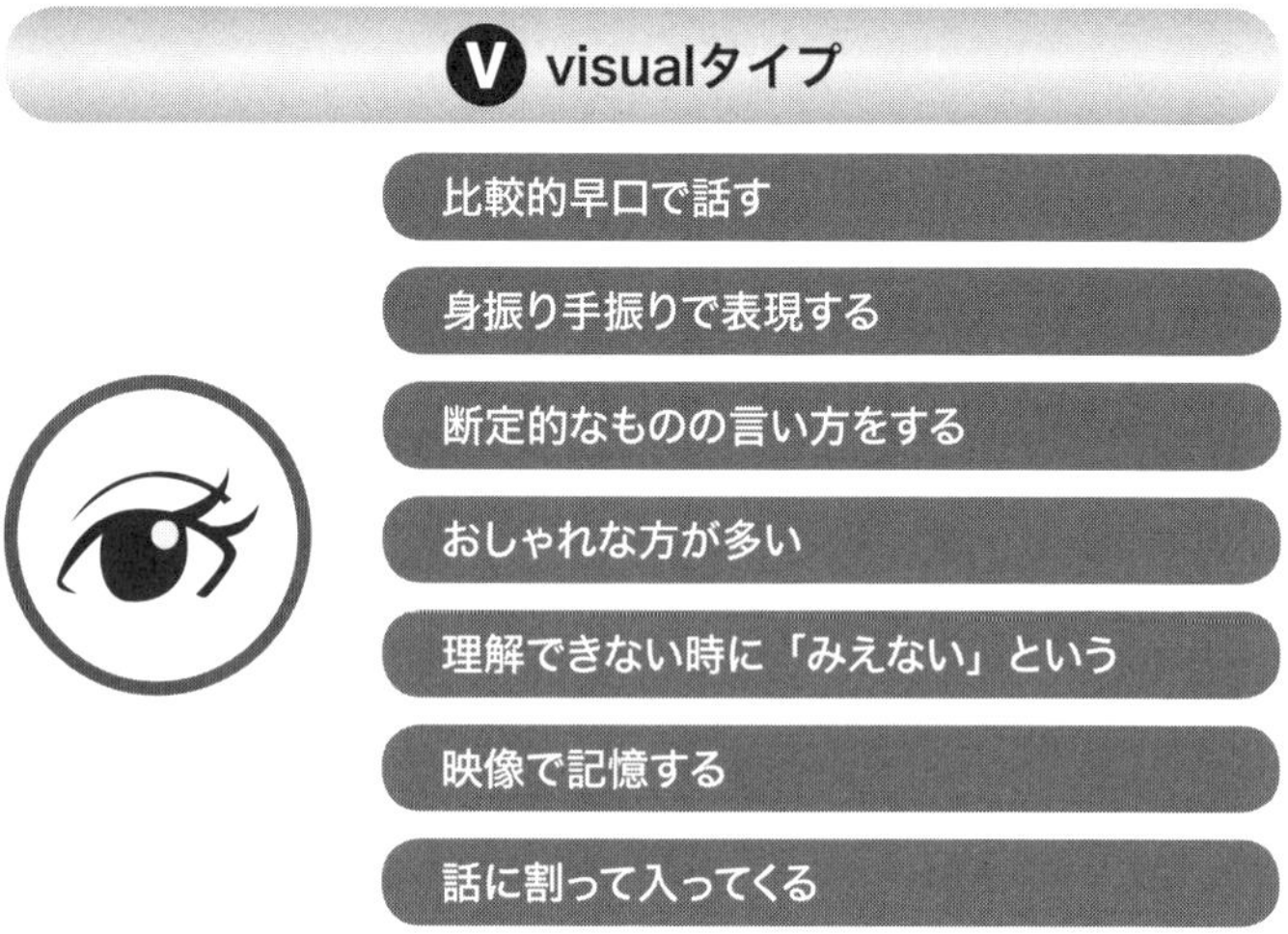
V visualタイプ
比較的早口で話す
身振り手振りで表現する
断定的なものの言い方をする
おしゃれな方が多い
理解できない時に「みえない」という
映像で記憶する
話に割って入ってくる

れを説明しようとするので早口になり、本人ですら先ほどの話を忘れていまい「なんの話だっけ？」と言うこともあります。先回りして物事を判断するため、決めつけや断定的な言い方をする傾向があります。人の話が終わる前に話し始めることも多いので、気が強い印象を持たれる人が多いです。

## 聴覚型　A（Auditory）型

A型：話す言葉を文字や声として認識できる聴覚優位タイプ
特徴：論理的な説明、丁寧に教える、手順を大事にする

■聴覚型の特徴

**Ⓐ audioタイプ**

- 論理的。理論的に話そうとする
- 声や音に敏感
- 音楽が好き人が多い
- 雑音があると集中できない
- 理解できない時に「意味がわからない」という
- 説明されるのが好きな方が多い
- よく質問する

論理的で理論派の印象を与えることが多いタイプです。「海を想像してみてください」と言われると、頭の中では波の音やカモメの鳴き声などが浮かびます。何よりも言葉を大事にし、相手の話を聞いてわからない場合には「意味がわからない」などと表現します。言葉を使って論理的に説明をすることが大切だと思っていますので、頭の中では文字を1文字1文字書いている感じです。頭の中の文字を読むため話が長くなります。物事を決める時は、多くの情報を集めて慎重に吟味します。よく質問するので、しつこいという印象を持たれる人が多いです。

## 体感覚型　K（Kinesthetic）型

K型：話す言葉を空気感や雰囲気として認識できる体感覚優位タイプ
特徴：ゆっくりとした口調、口数が少ない、考えながら話す

柔らかい印象を与えることが多いタイプです。「海を想像してください」と言われると、頭の中では暑い、海が冷たいなどが浮かびます。人の話を聞いていて理解ができなかった

時には「気持ちが伝わらない」などと表現します。感覚や気持ちを思い出しながら話すので、ゆっくりとした口調になります。感情を大切にしているため、相手の感情までも読み取ろうとします。

ただ、感覚が先走り、論理的な説明が得意ではない傾向があります。自分の気持ちを伝えたいのに先に感情や感覚が溢れてしまい、うまく表現することができない場合などがあります。「なんでわかってくれないの？」と話の途中で涙が流れてしまう場合もあったりします。話すのが得意ではないという印象を持たれる人が多いです。

■体感覚型の特徴

K kinestheticタイプ

- 話し方は比較的ゆっくり
- 動作も比較的ゆっくり
- 早口で多くの情報を言われるとたまに混乱する
- 居心地の良さを大事にする
- 理解できない時に「気持ちが伝わらない」という
- 触り心地がいいのが好き
- ボディタッチが多い

# 04 タイプ別の部下への対応

## 視覚優位タイプ（Vタイプ）の部下への伝え方…とにかく図で説明しよう

**・あなたがAタイプだった場合**

Vタイプの部下は、話の展開の早さを求めます。

Aタイプのあなたは論理的に説明したいですし、丁寧に指示を出したいと思っています。しかしその丁寧さは、Vタイプにとっては同じ映像を何度も見せられている状態です。なので結論から伝える方法が効果的です。

**・あなたがKタイプだった場合**

Kタイプのあなたは、全部を伝えなくてもわかってくれるはずとの思いから言語外の表現で物事を伝えようとします。Vタイプはあなたの表情などである程度は察することができますが、話の展開が進まないことにイライラしだします。なのであらかじめ話す内容を図や絵に整理して、それを見せながら説明すると効果的です。

## 聴覚優位タイプ（Aタイプ）の部下への伝え方…文字で説明しよう

・あなたがKタイプだった場合

Aタイプの部下は、客観的事実に基づく理論を大切にしています。しかしKタイプのあなたは、理論よりも感覚や気持ちが大事と考えています。この違いがコミュニケーションを困難にしているのです。Aタイプは何よりも説明を求めています。「うまくやっといて」「なんとなくわかるよね」などの表現は望んでいないのです。なのであらかじめ文字化して、説明書のようにしておくことが効果的です。

・あなたがVタイプだった場合

Vタイプのあなたは長々とした説明を好みません。ゆえに大事な言葉や表現を簡略化します。Aタイプは最初から最後まで説明を求めているので、あなたは最初から最後まで言葉で説明する必要があります。Aタイプには疑問を持たせないようにすることが効果的です。

## 体感覚優位タイプ（Kタイプ）の部下への伝え方…とにかく経験してもらおう

・あなたがVタイプだった場合

Kタイプの部下は、雰囲気や感情を大切にしています。Vタイプのあなたは、話がより早く進むことを第一と考えます。Vタイプのテンポの早い話にKタイプが「そうですね」「うんうん」とあいづちを打っていたとしても、わかっているとは限りません。Kタイプは感情を拾うので、そのあいづちはあなたの気持ちは伝わっていますよという意味の場合があります。それを理解していると判断し先に進むと、Kタイプは話から脱落していきます。またKタイプは楽しそうに話しているあなたの気持ちを察し途中で質問などしてこないので、これだけ話したのに伝わらないというむなしい気持ちになります。「今言ったことをまとめてみて」と理解が追いついているか確認しながら話を進めることが効果的です。

・あなたがAタイプだった場合

Ｋタイプの部下は雰囲気や感情から物事を推し測ろうとするので、理路整然としたあなたの説明から気持ちが読み取れず、冷たく感じてしまいます。論理的に説明しすぎると追い詰められているように感じ、難しい言葉が出れば出るほど理解は遠のきます。

なのでまずは説明の前に、それが行われたらどのような感情になるのかの説明をすると伝わりやすくなります。また、いつもよりもリアクションを大きくすることも効果的です。

■VAKのそれぞれの伝え方

**V（視覚優位）の部下への対処法**

説明するときには白い紙などを用いて書きながら説明しましょう。

**A（聴覚優位）の部下への対処法**

説明するときには最後まで説明して、最後に疑問がないか確認しましょう。

**K（体感覚優位）の部下への対処法**

説明するときには、途中でどこまで理解できているか質問しましょう。

# 05 「面談」実施のための心構え5カ条

## 今の部下に稼いでもらうと決める

もっと優秀な部下がいてくれたらと思っている方が多くいると思います。

確かに、あなたのことを理解し、業績を上げてくれるもっと優秀な部下がいたら、さぞかしハッピーでしょう。しかし、そのような部下がいた経験が、あなたにはあるのでしょうか？　また、いたとしても、その部下を育てたのはあなたなのでしょうか？　そのような部下があなたにはいないということは、何かしらの理由があったのでしょう。ならば、このような期待を持つことは部下に対して失礼かもしれません。まずは今目の前にいる部下の可能性を信じ、この部下に稼いでもらうと決めることが大切です。

では、どうして心構えとして決める必要があるのでしょうか？

私たちは言葉によるコミュニケーションを重要視していますが、実は言葉以外にも多くの情報を使っています。

例えば、すごく疲れた様子の人が「元気だよ」と言われても、そうは受け取れないですよね。言葉がすべて正しいとは限らないということです。

ですから上司であるあなたが部下に期待していない、もしくは諦めている場合は、それが相手に伝わってしまうのです。あなたは上司に期待されていない状態で業績を上げられますか？　なので、あなたは部下のことを信用信頼すると決めてから面談に挑まないといけません。部下の可能性はまだまだ発揮されていないだけかもしれないのですから。

## 部下の長所を伸ばすと決める

私は仕事柄、多くの職場で部下への不平不満をよく聞きます。しかし部下の長所を知っていますかと聞くと、多くの方が明確に答えることができないのです。長所のない人など誰もいないと思います。

ただ見つけられていないだけなのです。これは非常にもったいない。部下の長所が上司の苦手とするところだったならば、より業績が上がるかもしれません。

例えばこんな例があります。ある部下はコミュニケーション能力という点では、非常に上司から不評でした。ですが、ある日の会議でプレゼン資料を細かく丁寧に仕上げてきました。その日から長所である可能性があるプレゼン資料作りの作業に没頭させた方がよいのでは？　と考えプレゼン資料作りを任せたそうです。すると商談がスムーズに進んだとのことです。ここで大事なのは、部下に感謝の気持ちを持つことができたということです。

## 面談でやる気を引き出すのではなく行動を引き出すと決める

面談する際にはゴールを決める必要があります。そのゴールとは、やる気を引き出すのではなく、あくまでも行動を引き出すことです。やる気は非常にわかりにくく、日々変化しており、お風呂の水に近いイメージです。エネルギーをかけてお湯を沸かせば一定の時間水は熱い状態を保ちます。しかし放っておくと水は冷えてしまいます。また外気に触れたり何かしらアクシデントがあったりしても水は冷えます。ですから非常に管理が難しいのです。

やる気うんぬんで面談をすると以下のような失敗を起こします。

上司「○○君は最近やる気ないよね」
部下「いやいや部長、やる気ありますよ。あれもやって、これもやって、頑張っています」
上司「う〜んそうは見えないよね。やる気っていうのはさぁ、人に見えてこそのやる気だし……」

やる気を雰囲気で語り合う不毛な面談です。ですから面談では、やる気を引き出すのではなく「行動を引き出す」と決めてください。

## 自分の弱さをさらす

上司と部下の面談ですからフラットな関係ではありません。そのフラットではない関係性は、面談においては少し工夫が要ります。というのも、いつも部下は上司に良し悪しを審判されています。その相手に対して自分の正直な気持ちや考えは話しにくく感じるものです。そこで、上司であるあなたが先に部下に弱みや悩みを打ち明けるのです。

どんなことでもかまいません。あなたが弱みを見せることが部下の安心材料になるのです。

そう言われても上司としてのプライドが許さない、という方もいるでしょう。しかし、自分の威厳を保つよりも、親近感を手に入れることのほうが今後の部下の指導では役に立つのです。それに人は、ちょっとダメなところに人間味を感じるものですよ。

## ゴールを決めるのは部下

面談では必ず部下にゴールを決めさせて

■弱さをさらけ出してみよう

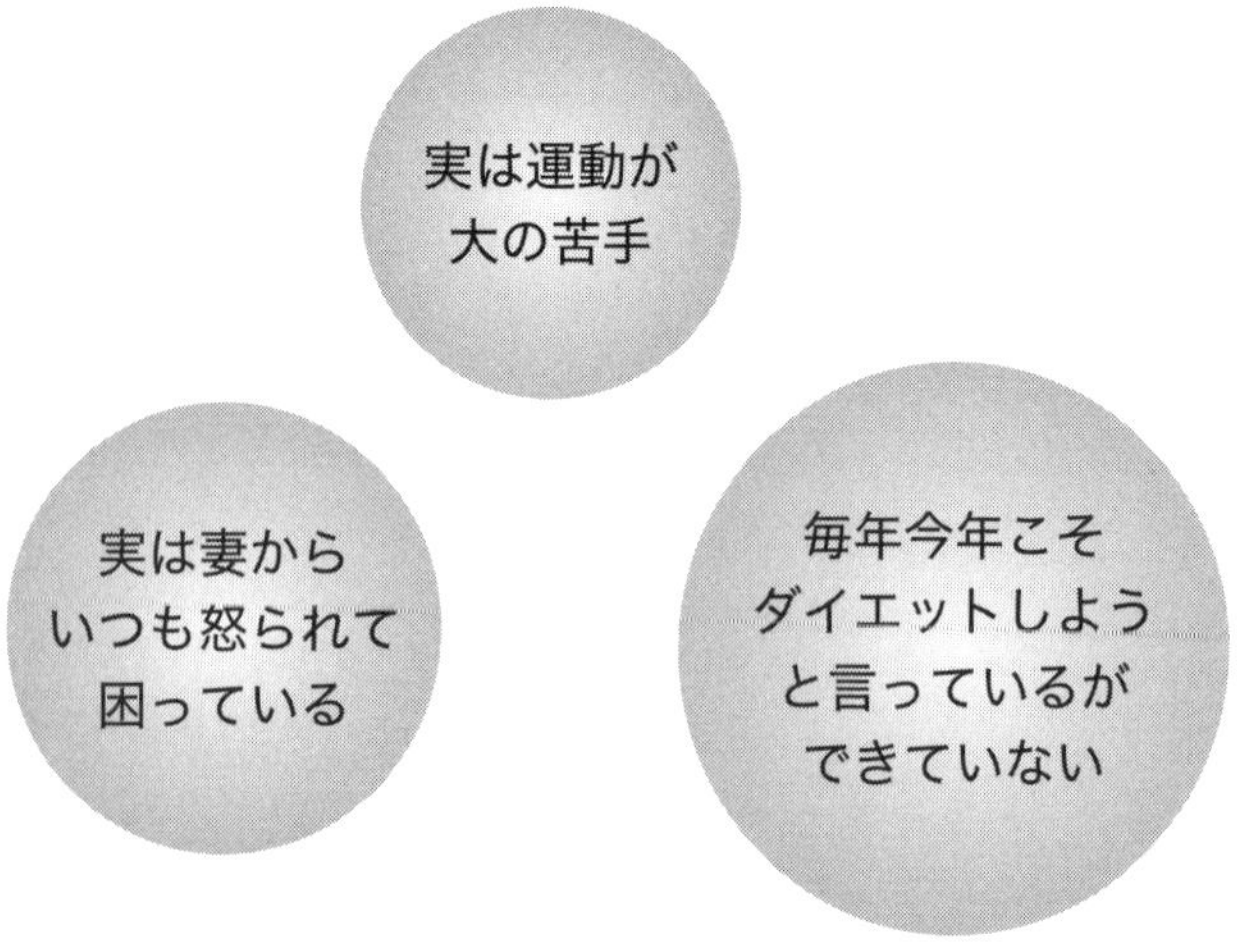
実は運動が
大の苦手
実は妻から
いつも怒られて
困っている
毎年今年こそ
ダイエットしよう
と言っているが
できていない

ください。上司が決めたゴールは会社の命令と考えますから仕事としてやります。しかし情熱を持って100%やりきるかどうかは別の話です。

私が見ている限りでは、自分が決めたゴールでも、上司が決めたゴールでも、達成率に関しては大きな違いはありません。その違いは、ゴールに達しなかった時の対応の仕方です。達成できなかった時の部下の心中は、それぞれ次のような傾向があります。

**自分で決めたゴールに達しなかったのは自分の責任**
**上司が決めたゴールに達しなかったのは会社の責任**

上司が決めたゴールに達しなかった時は、次のような言葉が出てきます。

「最初から無理だったんですよ」
「何もわかっていない」
「もともと自分は気が乗らなかった」

このような心理状態は、自分を守るために起こる正常な反応です。

他者を攻撃することで自分の不甲斐なさや弱さを避けることができるからです。

一度他責になった心理状態を自責に戻すのは、時間が経てば経つほど難しくなってしまいます。

自身の成長も気づきもないままになってしまい、面談において、部下の成長を最終ゴールにしているのなら達成が遠のいてしまいます。

ですから上司として「無駄なことをしているな」「非効率だな」と思ったとしても、必ず部下自身にゴールを設定してもらうのが大事なのです。

第4章

# 15分面談で業務・職場を改善しよう

# 01 面談を早速スタートしてみよう

## 面談がスタートできない3つの不安

私自身、自社に面談を導入する際に、次のような3つの不安がありました。

・何を話したら良いのかわからないという不安
・感情が爆発してしまうのではという不安
・余計な仕事が増えてしまうのではという不安

このような不安から、なかなか面談をスタートさせることができませんでした。もしかしたら私と同じような不安を持っている人もいるかもしれません。自社以外の面談の情報はあまりありませんでしたし、面談を行ったとしても何が良くて何が悪かったのかの判断もできません。そんな経験から、少しでも多くの人が面談をスタートできるようにと開発したのが面談シートになります。

この章では、面談の一つのモデルケースを紹介していきます。このモデルケースをすることで面談においての様々な不安が解消されていきますので、是非興味のある人は読み進めてみてください。

ステップ①オリエンテーション
ステップ②改善マンダラシート作成
ステップ③企画マンダラシート作成
ステップ④企画書作成

この４つのステップでは、それぞれのシートを使います。ステップごとに説明していきます。

## 面談1回目　お互いを知る

初回は、これから面談を始めるにあたってお互いの緊張状態をほぐし信頼関係を深めます。その際、私が普段使用している「面談マンダラシート」を利用します。「面談マンダラシート」を使うことによって、面談を開始する際に陥る「何を話していいのかわからない」という不安を取り除くことができます。解説していきましょう。

まず初回は「面談」ではなく、あくまでも「オリエンテーション」という形でスタートさせてください。いきなり面談を始めると、多く部下が身構えてしまいます。慣れていない状況に二人とも緊張状態に

■オリエンテーションの流れ

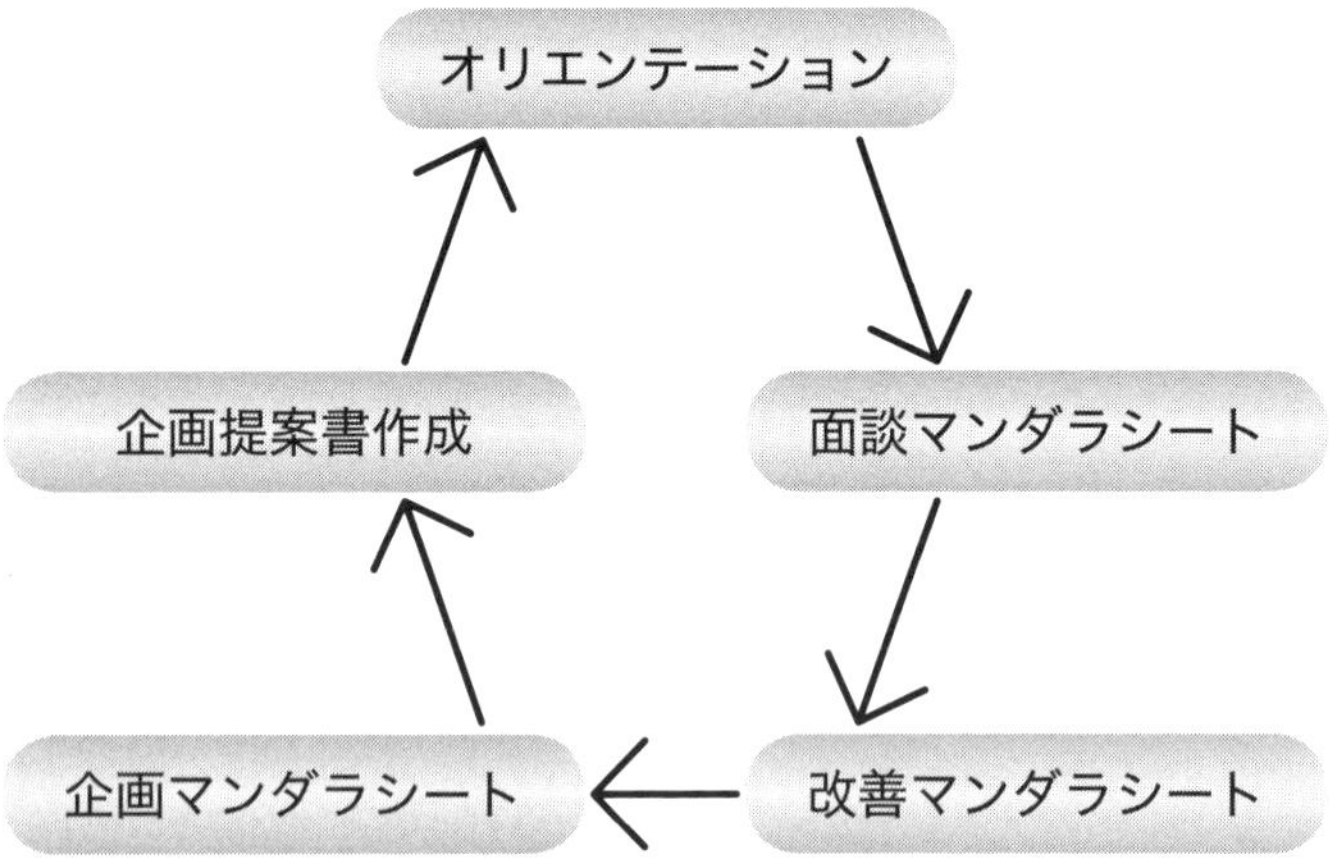


期間は2〜3ヶ月

なっています。そのため上司の多くが緊張状態から抜け出すために「質問」を始めてしまいます。

何か困ったことはないか、業務提案はないかと矢継ぎ早に聞いていきます。部下のほうは突然の質問に狼狽します。極端な部下の場合、沈黙します。沈黙は間違いを犯したことにはならないだろうという判断がそうさせるのです。そのような沈黙状態になるのを防ぐために、初回は「面談マンダラシート」を使っていきます。

事前に準備するものを挙げておきます。

・ストップウォッチ
・ボールペン

■面談マンダラシートの案内

## 面談マンダラシート活用についての案内

面談マンダラシートは日本産業メンタルマネジメント協会が面談をよりスムーズにするために作成したシートです。

面談の1回目オリエンテーションの際にお使いください。

心理学や脳科学などの要素が多く取り込まれています。

頭で考えるのではなく、直感で8つの空欄を埋めてみてください。

- 中央の空欄に名前と日時を記入
- 時間は2分間
- 全部埋めても埋めれなくてもOK
- 2分経過後に面談者から交互に質問していきます
- 1つの質問は1～2分です

・オリエンテーションの説明文
・面談マンダラシート
・改善マンダラシート説明文および改善マンダラシート
・企画マンダラシート
・企画提案書シート

まずは、お互いにオリエンテーションの説明文をお読みください。読み終わったら、今回はオリエンテーションであることを確認します。

次に、2分間で面談マンダラシートにある9つの空欄に文字を埋めていきます。

①中央の空欄に名前と日時を記入します。
②残り8つの空欄に自分が思いついたことを記入します。

このシートには、記入の際のヒントとして周りにいくつかの質問が準備されています。この質問を見て答えてもよいですし、自分の思いのままを書いてよいです。

## 面談でマンダラシートを使おう

面談マンダラシートの記入が済んだら、お互いの面談マンダラシートを交換します。その後、面談をするほうから相手の面談マンダラシートの中で気になった点、興味のあるところを質問していきます。気になったキーワードに対して、まず面談する側の上司であるあなたが部下に質問してみてください。

上司「ここに料理って書いてあるけど○○くんは料理するの？」

部下「はい！　最近電気の圧力鍋を買って料理をちょくちょくしてるんですよ」

■面談マンダラシート

気になること・好きなこと・やりたいこと・趣味・大好きなこと・嫌なこと・困ってること

今年の目標・あなたの性格・恥ずかしい話

| | | |
|---|---|---|
| 料理 | 長男の進学 | ゴルフ |
| 神社 | メンタル太郎<br>2017.10.01 | トイプー<br>大好き |
| スマホの<br>ゲーム | 夫婦喧嘩 | ミニクーパー |

過去の失敗談・将来の夢・欲しいもの

捨てたいもの・感動したもの・嬉しかったこと・悔しかったこと・楽しかったこと

運用ルール：①思い付いたことを直感で書く②時間は2分以内③質問は交互に行うこと

上司「おお〜それは忙しいなかすごいね！　ちなみに何を作ったりするの？」
部下「そうですね。この前は肉じゃがとか作りましたよ！　ジャガイモが崩れずに綺麗にできて、ちょっと感動しました」
上司「おお〜うまそうだね〜」

このように話が展開してきます。

次は面談されてる側から質問します。このやりとりを10分繰り返します。

どうしてこのようなオリエンテーションが必要なのでしょうか？

それは、一緒に働いていても、職場の人たちのことを実はよく知らないからです。多くの職場で共通するのは、職場ではプライベートな話をする機会があまりないというところです。仕事とプライベートは分けたいと思うことがあるかもしれません。しかしそれは、お互いがまだ警戒しているからです。ですからこのシートを使い、少しずつお互いのことを知り、それによってお互いの警戒心を解きほぐしていって欲しいのです。

## 面談だけで終わらせない

しかし、ここで問題があります。プライベートの何を話せばよいのかわからないのです。年齢も性別も違うとなると、なおさらです。自分が話したいことと相手が知りたいことは違うかもしれませんし、そもそも相手は自分のプライベートなことなど知りたいと思っていないかもしれません。

ですからその障害を取り除くために面談マンダラシートを使うのです。面談マンダラシートには、仕事よりもプライベートなことを多く記入する人が多いのです。その中で興味のあることを互いに質問するので、まったく興味のない話題は出てこないのです。また、より職場を活性化するために面談マンダラシートをどこかに貼り出したり、ファイリングしたりすることをお勧めしています。なぜなら、項目すべてを互いに質問するのは時間内では収まらず、まだまだ興味のあることがあるはずなのです。それを日常の会話の中でお互いに聞いてほしいのです。

「あの項目はどういうことだったの?」

「部長は犬を飼っているのですか?」

と自然に会話しあえる関係になるのです。ここが効果的な面談をしていく上での第一歩です。

最後の残り3分で、今後どのように進行するのか案内してください。これから使う資料を渡すだけでもよいでしょう。

## 面談2回目 思い出す

2回目の面談から業務の改善に進んでいきます。私たちは仕事の最中に様々なことを考え、多くの疑問や不満を持っています。しかし多くの方は、思ったことをすぐ忘れてしまいます。その忘れている業務改善のアイデアを思い出してもらう作業です。

2回目の面談は、1回目のオリエンテーションと同じやり方になります。使用するシートが「面談マンダラシート」から「改善マンダラシート」になり、周りに準備されている質問が変わっているだけです。

記入するのはこの項目です。

・会社が良くなる可能性があること
・業務改善の可能性があること
・売上増につながる可能性があること
・お客様のためになる可能性があること
・経費削減の可能性があること
・作業効率が上がる可能性があること

あくまでも可能性でよいのです。ちょっとしたことでもかまわないので、まずは8つのアイデアを考え記入することから始めます。

■改善マンダラシート

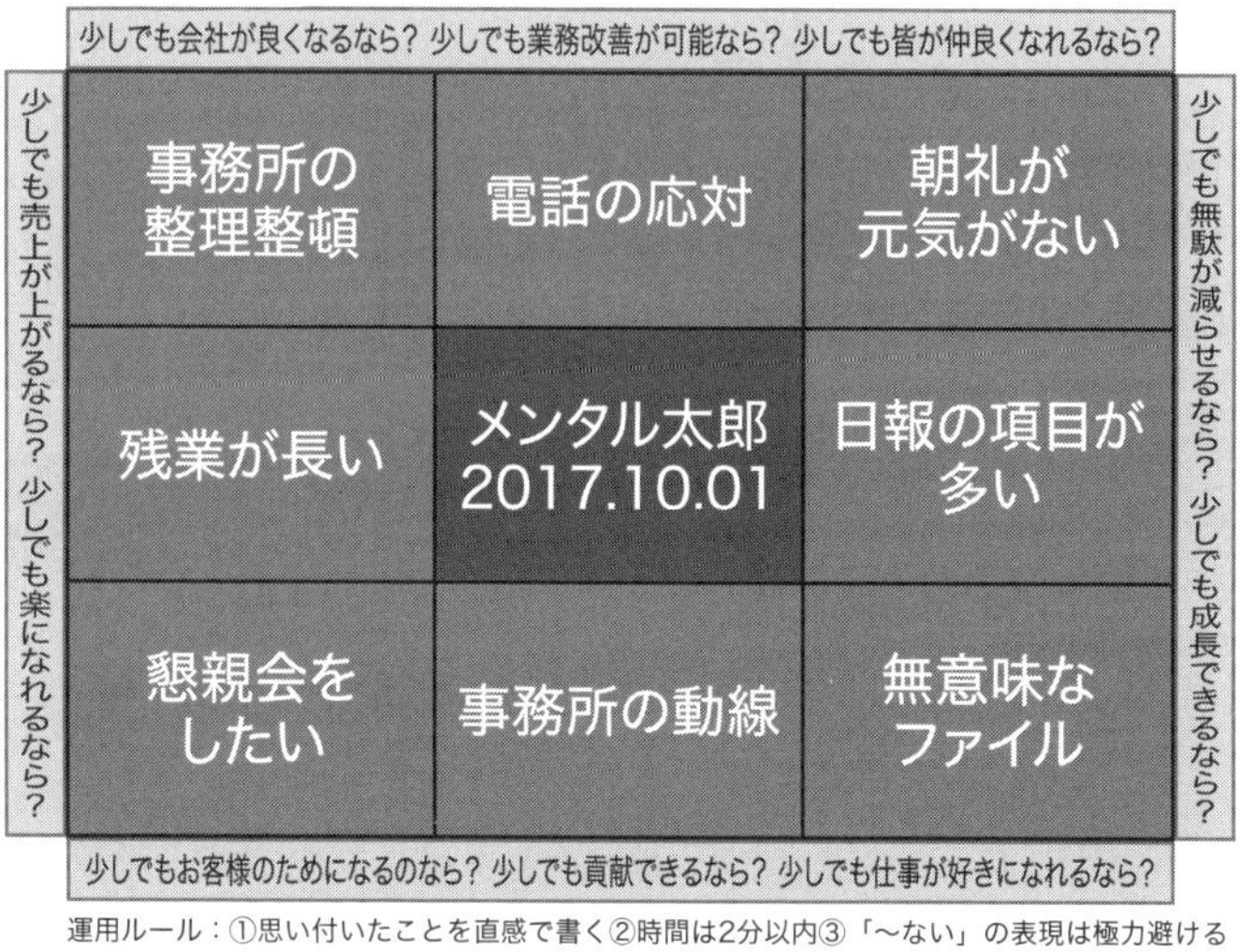
少しでも会社が良くなるなら？ 少しでも業務改善が可能なら？ 少しでも皆が仲良くなれるなら？
少しでも無駄が減らせるなら？ 少しでも成長できるなら？
少しでもお客様のためになるのなら？ 少しでも貢献できるなら？ 少しでも仕事が好きになれるなら？
少しでも売上が上がるなら？ 少しでも楽になれるなら？
事務所の整理整頓
電話の応対
朝礼が元気がない
残業が長い
メンタル太郎 2017.10.01
日報の項目が多い
懇親会をしたい
事務所の動線
無意味なファイル

運用ルール：①思い付いたことを直感で書く②時間は2分以内③「〜ない」の表現は極力避ける

## 「ない」の罠

ここで注意点があります。記入は自由なのですが、よく「～がない」という表現を使う人がいます。

「時間がないです」
「人がいないです」
「予算がないです」

この「～がない」を「～がある」という表現に変えてもらってください。

「お金がない」↓「もっとお金が必要です」
「時間がない」↓「もっと時間が必要です」
「人がいない」↓「もっと人が必要です」

なぜこのようにわざわざ変更する必要があるのでしょうか？

「ない」という表現は「存在の否定」に使われます。一度この存在を否定してしまえば、それ以上思考を働かすことはできなくなります。これは脳に負荷をかけないという点では正しい反応です。

しかし「時間がない」を「もっと時間が必要です」という表現にすると、

「具体的にどれくらい必要なんだろう？」

「時間以外で解決できないかな？」

と脳が勝手に働きだすのです。思考を続けると脳への負荷が増えますから、脳を休

■「ない」の悪循環

何とかしようと考える
人がいない
時間が無い
予算が無い
時間経過
諦めて思考停止
考えてもエネルギーの
無駄だから諦めよう！
いつもの仕事をしよう

ませるために存在自体を打ち消してしまう「ない」を多用してしまうのです。

しかし、アイデアを出す際には「ある」を多用しなければ脳が働いてくれません。ですので、マンダラシートに「ない」が多い場合は「ある」に変更するように促しましょう。

## 改善マンダラシート記入

記入が終わったら、10分間ほど互いに質問をします。

全部記入できた人とまだ空欄が残っている人がいるはずです。ですがここでは全部埋めきれなくても問題ありません。全部埋

■各マンダラシートに書くべきこと

**面談**

- 自分自身のこと（自己紹介のように）

**改善**

- 業務関連のこと（どうしたらよりよくなるのか？）

**面談**

- アイデア・気づいたこと（部下の考えを拾えるように）

められた人も埋められなかった人も、次のステップに進みます。

残りの2分で、上司であるあなたが気になる案件を、次回で使用する企画案件マンダラシートに記入する課題を提示します。

## 面談3回目 書面に残す

3回目の面談は、企画マンダラシートを埋めていくのが目的です。前回渡した企画案件マンダラシートを使って面談していきます。

なぜわざわざこのようなシート記入をしていく必要があるのでしょうか？

多くの上司が部下からの企画提案を求め

■企画マンダラシート

なぜ？ 目的？ 理由？ 狙い？ 背景？ どのような方法？ どのような手段？ どのような体制？

| | | |
|---|---|---|
| **why**<br>事務所内の整理整頓ができていないので、作業効率が悪い。何かを探している人が多く見受けられる | **how**<br>雑巾を持ち朝礼後に一斉にまずは自分の机の中や上を整理整頓する | **who**<br>その朝礼にいる全ての人 |
| **will**<br>まず自分の机から整理整頓を毎日することで手の空いた方が事務所の整理整頓に取り掛かり綺麗になる | 事務所の整理整頓 | **what**<br>まずは机の上や中 |
| **cost**<br>費用はかからない | **where**<br>自分の机やその周り | **when**<br>朝礼後に5分間にする |

（左）お金の費用は？ 時間の費用？ 結果どうなるの？

（右）誰が？ 誰に？ 誰を？ 何を？ 何が？ 何に？

いつ始める？ いつまでに？ 期間は？ スケジュールは？ どこで？ どの環境で？ どこを？

運用ルール：①思い付いたことを直感で書く②時間は2分以内③2人で協力して空欄を埋めていく

ていますし、部下も自分の意見や提案を採用してもらいたいと思っています。しかし、多くの職場でその意見や提案を上げる場所がないのです。

部下たちは気づいたことやアイデアを上司に伝えているという認識です。しかし忙しい上司にはその意見を丁寧に拾いきるほどの時間がありません。そこで意見や提案を拾い直し改善するために書面に残すのです。

記入が終わったら4回目の課題「企画書」を渡し、次回までにできるところまで記入してくる課題を提示します。

■企画及び提案書

<table>
<tr><td colspan="6"></td><td colspan="2">年　月　日</td><td colspan="2">所属</td><td colspan="2">氏名</td></tr>
<tr><td colspan="5">テーマ</td><td rowspan="3">←</td><td colspan="6">Cost</td></tr>
<tr><td colspan="5">why</td><td colspan="6">will</td></tr>
<tr><td colspan="5"></td><td colspan="6"></td></tr>
<tr><td>how</td><td colspan="11"></td></tr>
<tr><td colspan="3">who</td><td colspan="3">what</td><td colspan="3">when</td><td colspan="3">where</td></tr>
<tr><td colspan="3"></td><td colspan="3"></td><td colspan="3"></td><td colspan="3"></td></tr>
<tr><td colspan="12">結果</td></tr>
<tr><td colspan="4">否決</td><td colspan="4">修正</td><td colspan="4">可決</td></tr>
</table>

## 「1・01の法則」

ちょっとでも会社が良くなるのなら、なんでもすべきです。この考え方に疑問を持たれる方もいると思います。あれこれするのではなく、何か一点にエネルギーを集中して業務は行うべきだという考え方の方もいると思います。先ほど説明した「少しでも可能性があるのなら、すべてやるべき」という考え方は「一点集中する」という考えと対立するわけではないのです。むしろ「一点集中」に加速していけるものだと思っています。

以前、ある店舗で接客でお客様を増やすという方針が決まりました。早速この多くのアイデアが生まれ実行しました。

「お客様の入店時に大きな声で挨拶しよう」
「会計時には商品を手渡ししよう」
「接客時に話しかけてみよう」

様々なアイデアや意見が社員から挙がりました。確かにこれをやったから必ず業績がよくなる、というほど甘いものではないかもしれません。しかし、それが積み重なっていったらどうでしょうか？　100人中1人でも喜んでくれる方がいればどうなるでしょうか？

少しずつかもしれませんがお客様が増えていくでしょう。

「1・01の法則」というものをご存知でしょうか？

これは楽天の三木谷社長の著書「成功のコンセプト〜Principles for Success」に記載されている内容です。「1・00」をベースとして考えて、1・01のようなほんのちょっとした努力や成長でも365日積み重ねると、大きな力になるという法則です。逆に0・99のようにちょっとでもサボると、365日後にはとんでもないことになるという法則です。式に当てはめると以下のようになります。

1・00×1・01の365乗＝37・8

1・00×0・99の365乗＝0・03

ほんの少しの積み重ねでも、365日後には1だった数字が37・8になっているという法則です。その逆にちょっとの油断や慢心で、365日後には1だった数字が0・03になってしまうという法則です。

すべての企業に当てはまるとは言いませんが、ビジネスの世界の真実のひとつなのではないでしょうか？

傾く企業は少しずつ劣化しますし、上昇する企業は少しつず良くなっていくのです。それが1年後、2年後、3年後、大きな差になっていき、10年経てば追いつくことができないくらいの差になっているのです。

■少しの違いが大きな変化を起こす

$$1.00 \times 1.01^{365} = 37.8$$

$$1.00 \times 0.99^{365} = 0.03$$

## 紙に残すことが必要なわけ

そもそも、私は紙を使う面談方法には懐疑的でした。

面談の際には、自分の内面に深く潜っていく場面や、家庭の話、会社の話、その他諸々のお話を聞かせていただいていたのですが、これは思考の流れを邪魔しないからこそ出てくるものだと考えていたからです。

どのようなことかと言うと、一昨日会った人の名前を思い出そうとして考えている時に、横から「お腹すいたね〜」などと声を掛けられたら思考がストップしてしまいますよね？

このように、何かを考えている時に他の情報に触れると、自分の思考の内面に潜りにくいと感じていたからです。紙に記入すると、どうしても一度思考中の状態を解除しなくてはならないため、その時間がもったいないと感じていたのです。

しかしある日、部下から別の意見があがってきました。

「結局、面談中に何をしているのかわからない」

この意見はもっともなことだと、改めて気づいたのです。この意見に気づかされた時に、自分が以前もったいないと思っていたことを思い出しました。

面談中に目標を立て行動しても、それを上司に伝える術がなかったのです。

私と面談者の中で、試行錯誤して行動していたのです。しかしそれでは、当事者以外誰もわからないのです。私が伝えればいいという考えもあったのですが、私としても守秘義務があるので、部下の許可なく何をしているのか答えることもできなかったのです。

面談中、部下は一生懸命に会社のためを考え行動していたにもかかわらず、上司がそれを関知していないことがありました。目標自体、最初に決めた目標に準じていれば良いのですがそうでない場合も多々ありました。また目標設定をしていない企業ではなおさら面談者の頑張りを伝える術がなかったのです。

それらを鑑み、面談者本人自身もより深く考えることができ、上司や周りの人にも面談者の頑張りを示すことができ、さらにはよりお互いの考え方がわかるようなものがないかを考えて作り出したのが、この３つのマンダラシートなのです。

# 02 実際に企画書をつくる

## 4回目の面談　まとめる

4回目の面談の目的は「まとめる」です。

部下と共に一気に企画書を作成します。

この時点で企画案件マンダラシートは埋まっていますので、それを1枚の企画書にまとめていきます。社内規定の企画書があれば、それに順じて作成します。

この企画書作成にあたって一番大事なのは対費用効果です。その判断はおそらく上司であるあなたの仕事になります。いくら投資していくらリターンがあるのかは、経験を積んだ人のほうが精度が高いと思われます。しかし部下にはこれがわからないのです。

このような例がありました。ある会社でイベントを考えて盛り上げるために、お揃いの法被を作る話になりました。業者の見積もりは1着1万円でした。それを費用として計上した企画書が提出されました。確かにイベントを盛り上げるためのアイデアとしては悪いものではありません。しかし、1着1万円が適正なのか、そうでないのかの判断ができない。これは何度も経験しなければわからない感覚です。なので企画書作成はただ作るのではなく、一緒に作りながらその感覚を共有し教育していく必要があるのです。

## 5回目の面談 オリエンテーション

5回目の面談は、またオリエンテーションです。この面談では部下に必ず伝えなければならないことが2つあります。

1. 企画書を書いたことに対する評価を伝える
2. 企画書の結果がいつ出るのかを伝える

慣れない中、部下は企画書を書き上げました。ですから企画の評価を心配しています。

内容の良し悪しよりも、企画書を作成したことを評価してあげてください。部下には初めての企画書作成でかなりのエネルギーを消費しています。上司の承認が企画提案での「快楽を得る」になり、また企画を作成する時のエネルギーになるのです。

また部下は、せっかく企画を出したのに結果がいつ出るのかわからないと落ちつきません。結果がわからないと次に動けないのです。しかし多くの上司は、つい忘れてしまいます。必ず、いつ結果が出るのか報告してください。

## 面談のポイント

これらの面談は、すべて1回15分で行ってください。30分でも45分でもなく、15分です。また頻度は2週間、もしくは3週間に1度が最適です。

私も色々試しましたが、労働生産性や上司部下の負担からも、この15分の面談を2週間から3週間に1度が一番効率も負担も少なくおすすめの面談の頻度になります。

3週間に1度の面談だと4回で12周。これで3ヶ月かかります。さらにもう1周オリエンテーションから始めます。2周目が終わるのに半年かかり、ここで2クールとなります。

この段階で、自分の意見や提案を企画書という形にするやり方を知ることができます。部下の意見や提案を望むのなら、まずこの状態までに持ってくる必要があります。ただ、人によって進捗度が違います。でも、手順通り進んでいけば最後には立派な企画書ができるので、しっかり面談でサポートしていきましょう。

最後にフローチャートを載せておきます。

これで、あなたは15分面談の一通りの流れを覚えることができました。もし、実際に部下と面談を行ってみて、上手くいかない、どうすればいいのか分からなくなった、などのトラブルに直面したら何度でも読み返して、もう一度、部下との面談にトライしてみましょう。

■15分面談の目的と効果

**1回目面談**

**目的：互いを知ること**

使う資料：面談マンダラシート説明書
：面談マンダラシート
：最後に渡すものなし

**2回目面談**

**目的：思い出すこと**

使う資料：改善マンダラシート説明書
：改善マンダラシート
：企画マンダラシート及び説明書を渡す

**3回目面談**

**目的：書面に残す**

使う資料：企画マンダラシート
：企画提案書

**4回目面談**

**目的：まとめること**

使う資料：企画提案書

**大事なポイント**

- 企画書の評価はしっかり伝えよう
- 面談の間隔は適度にとろう

# 第5章

# 面談で目標を立てよう

# 01 部下との面談の種類

## 4つの面談

社内においての面談にはどのような種類があるのかを、「目標管理制度」を導入している企業を例に解説していきます。

目標管理制度とは、社員が自発的もしくは何かしらの目標を設定し、4半期、半年、1年などの期間を区切り、目標に対しての進捗状況で評価を決める、社員の評価制度のひとつです。

もともと目標管理制度とは、経済学者P・ドラッカーが提唱したのが始まりとされています。正式には「目標と自己統制による管理」と言います。英語の正式名称の頭文字から「MBO」とも呼ばれます。

以前の日本はほとんどが年功序列制度でした。しかし、高度経済成長期が過ぎ去り、給与を上げ続けるということが困難になりました。故に年功序列ではなく「成果」をあげた方に給与を多く与えようという成果主義が広がってきました。その中で年功序列の良いところと成果主義の良いところを取り合わせた日本独自の形のものが広がってきました。それが日本における「目標管理制度」となるわけです。

これが多く普及したおかげで今まで面談というものがなかった日本でも面談が注目されているのです。面談は主に4つに分けられます。

■目標管理制度のイメージ

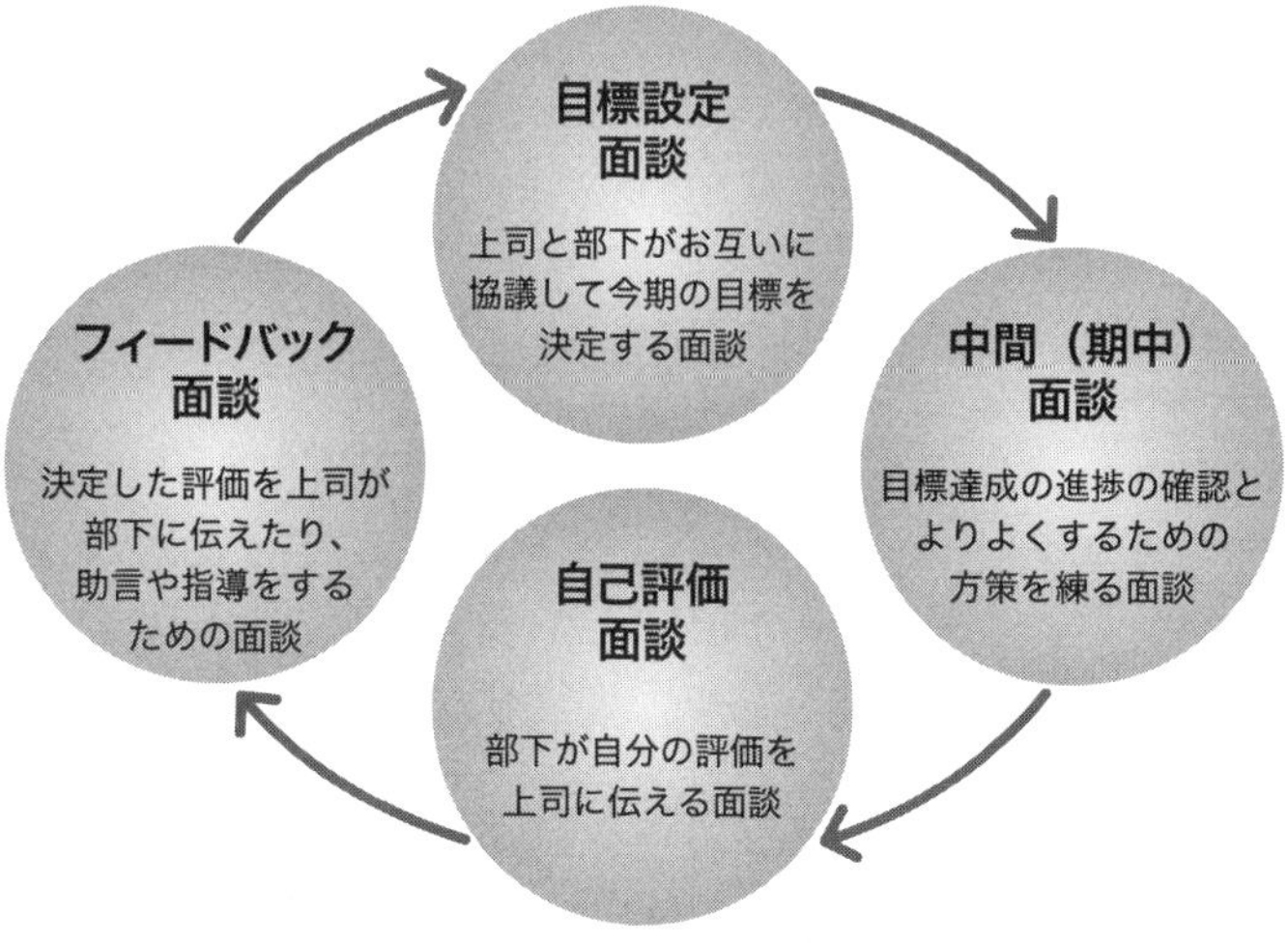

・目標設定面談

期の最初に行われる面談で、今期の目標の設定を行います。まず、部下は事前に自分で目標を立てておきます。面談の際に上司が部下が立てた目標をチェックし、協議して目標を決定します。部下の意思を反映しながら決めていく面談で、目的は目標設定です。

・中間（期中）面談

目標設定面談で決めた目標の進捗確認するための面談です。この面談の目的は、現時点での進捗状況の確認と、より目標に近づけるための対策です。

・自己評価（期末）面談

目標設定面談で決めた目標に対する結果を聞く面談です。面談実施前に、あらかじめ部下は評価項目に基づき自身で評価しておきます。面談の目的は部下の自己評価を聞くことです。

・フィードバック面談

上司がつけた人事考課を部下にフィードバックするための面談です。別名、評価面談ともいわれています。上司は評価の理由や根拠を部下に示し、納得できるようにしっかりとフォローします。結果のフィードバックはもちろん、来期の目標や課題の検討も併せて行う場合もあります。面談の目的は説明とフィードバックです。

面談全体の流れとしては、これら4つの面談を順番に行い、目標達成を目指すということになります。それぞれの面談には異なった目的や注意点があります。よく理解して、部下との信頼関係を構築し、結果につなげていけるようにしましょう。ここは、上司であるあなたの腕の見せどころでもあります。

次のページからそれぞれの目的や注意事項の詳細を説明します。

# 02 目標設定面談

## 目標は部下主導である必要がある3つの理由

目標管理制度を導入している企業は、部下の目標設定をする必要があります。目標は、基本的に部下本人に決めてもらいます。上司や会社から目標を設定される場合もなくはありませんが、必ず部下とすり合わせをする必要があります。

理由としては、目標自体が低い場合や、いい加減な目標設定の場合は修正が必要になるからです。しかし、最終的には本人に決めてもらいます。

上司の目標設定時の目的は、部下本人に目標達成できるという自信を持ってもらうことです。目標を設定した後に、これから先の5年10年を見据えてどうなっていきたいかを部下に聞いていきます。

私たちは、どうしても短期的なビジョンにとらわれて、長期的な展望が見えなくなります。５年10年後のことを考え、この目標が妥当なのかどうかの判断を部下に促します。他人に決められた目標が達成できなかった場合、私たちは「自責」ではなくどうしても「他責」にしてしまうからです。他責にしている限り本人の成長はないのです。

## 目標設定の方法「SMART設定」

多くの企業が目標設定面談で目標を決める際に意識しているのが「ＳＭＡＲＴ設定」です。目標設定をする際のそれぞれの注意事項の頭文字をとって「ＳＭＡＲＴ設定」と呼ばれています。

目標設定が適切に行われれば、社員の状態もより良くなります。

正しい目標設定は自分が何をどのように従事するべきかが明確になるので、仕事に対しての迷いがなくなるからです。私たちは迷いがあると物事に全力に取り組むことが困難になってしまいます。何に力を注ぐべきなのか、今後どのように進んだらよいのかがあらかじめわかっていれば、迷いや葛藤がなくなります。

ですから、正しい目標設定を行い、部下の迷いをなくすことが重要なのです。

では、目標設定は上司と部下の間だけで認識できるレベルでよいのかというと、そうではありません。誰にでもわかる目標設定にしなければなりません。そのための手法が、このSMART設定なのです。

誰でもわかるように目標設定する理由は、目標設定をした人と評価面談をした人が常に同じとは限らないからです。昇進や転勤、部署の移動や退職と人の流動は止められません。この「SMART設定」を理解することが、まずは目標設定をする際には重要になります。

・S：Specific（具体的に）
具体的な目標設定すること：具体的とは、誰が見ても理解できるということです。
悪い例●営業成績を上げるために頑張ります
⬇具体的に何を頑張るかわからない
良い例●営業成績を上げるために新規の顧客を増やします
⬇何をするか具体的になっている

・M：Measurable（測定可能な）

測定可能な目標にすること：数字化できることや量化できることです。

悪い例●営業成績を上げるために頑張ります

➡どの程度成績を上げるかわからない

良い例●営業成績を1・3倍にします

➡何をするか数字化されている

・A：Achievable（達成可能な）

達成可能とは、自分で無理と思わず頑張ったら達成できるという目標設定をすることです。

悪い例●営業成績を100倍にします

➡本当に達成できるラインではない

良い例●営業成績を1・3倍にします

➡本人が達成できるラインで設定されている

・R：Related（仕事に関連した）
目標設定が会社の仕事の方針や部署または店舗目標に準じているものであることです。
悪い例●家族サービスを頑張ります
➡仕事に関連していない
良い例●営業成績を1・3倍にします
➡仕事に関連している

・T：Timely（期限がある）
期限を明確に決めることです。その期間内であることが望ましいです。
悪い例●営業成績を上げるために頑張ります
➡いつまでに達成されるかわからない
良い例●営業成績を6ヶ月で1・3倍にします
➡期限が明確になっている

目標設定においては、営業職などの目標設定をしやすい職種もあれば事務職などの目標設定をしにくい職種もあるということです。その曖昧さを防ぐために、より具体的に、測定可能であり、達成可能で、会社の方針に則した、期限が定められた目標が必要なのです。

■SMARTの概要

**SMARTを意識した目標設定**

| | | |
|---|---|---|
| S | Specific | 具体的であること |
| M | Measurable | 計測可能であること |
| A | Achievable | 達成可能であること |
| R | Related | 仕事に関連したものであること |
| T | Timely | 時間的制約があること |

# 03 中間（期中）面談

## 目標の進捗状況を把握しておこう

中間（期中）面談とは、目標設定面談と自己評価面談の間に行われる面談です。進捗状況を確認します。進捗が順調ならさらなる飛躍を促し、進捗が芳しくない場合は改善やアドバイスをします。企業の中には、目標設定面談や自己評価面談、フィードバック面談に比べて重要視していない企業や、そもそも中間面談をしていない企業も多いです。

しかし私は、この中間（期中）面談こそがとても大切だと皆様にお伝えしています。どんなにSMART設定で目標を設定したとしても、スムーズに進捗しない場合が多々あります。自分で設定した目標への進捗が滞り出すと、多くの方が混乱し立ち止まります。それは、目標設定面談の時には見えていなかった障害が出てくるからです。競合が強くなった、単価が下がった、既存客を失った等々あります。もしそのまま障害を乗り越えられない場合、期末の自己評価面談まで動けず時間だけが進んでいきます。これはとてももったいないです。途中でゆっくり考える時間や物事を整理する機会があれば、何かしら改善ができる場合が多いのです。期の途中での進捗の遅滞や滞りをなくすためにも、中間（期中）面談は必要です。

中間（期中）面談は進捗の確認だけでなく、より進捗を加速したり、進捗が芳しくない場合のフォローアップも目的に含まれているのです。

では、進捗を加速させたりフォローアップするにはどのようにすればよいのでしょうか？

ここではその障害を取り除き目標を達成できる7つのステップをお伝えします。

## ❶上司と部下との信頼関係を作る

上司と部下の信頼関係ができているかは、部下に次のような質問を投げかけてみることで明らかになります。

「何か困ったことや手伝うことはありますか？」

NOと言われた方は、関係性は強固ではないといわざるをえません。

部下は上司に対して遠慮しています。

「今は忙しいかもしれない」

「余計な手間をかけさせるのは悪い」

■目標達成の7つのステップ

❶上司と部下との信頼関係を作る

▼

❷動機をより明確にする

▼

❸悪いパターンをやめて良いパターンに入る

▼

❹問題を細かくして実行しやすくする

▼

❺やりがいのある別の方法を見つける

▼

❻何度もやって習慣化させる

▼

❼最適な環境なのかを確認する

## 「本当に困った時に頼ろう」

この遠慮は、腹を割っていないということです。信頼関係ができていなければ、部下は聞きたいこと、頼みたいことを我慢するようになります。その結果、大きな失敗もギリギリになってから報告してきたりします。

では、どうやったらより信頼関係を築けるのでしょうか？　あなたは部下のことをある程度ご存知だと思います。しかし、どこまで知っているのか、ということなのです。

そもそも部下は、上司に自分についてもっと知っていてほしいと考えています。ただし、自分の話を聞いてほしいのであって、上司の話をもっと聞きたいわけではありません。

上司と部下との会話では、かなりの確率で上司が話す割合が高くなっています。その結果、上司であるあなたは部下のことをよく知らないまま過ごしてしまうのです。また厄介なことに、時間を共有したことで信頼関係が構築できたと勘違いしてしまいます。

しかし、部下育成に成功している上司は例外なく、部下を知ろうと「徹底している」のです。

面談は、部下について知るためには効果的です。

「今」の部下を知るために、面と向って話す機会を作らなければ部下の気持ちや考え方を知ることはできません。もっと多くの接点を持つことが、より良い結果につながっていくのです。

## ❷動機をより明確にする

部下に「この目標を達成したらどうなりますか?」と投げかけてみてください。

この質問にどのように答えるかです。

・仕事ですから
・まあ決まったことなんで
・給与のためですかね

このような答えが返ってきたら、ちょっと残念ですね。

でも確かにその通りなのです。仕事ですし、一度決めたことですし、給与をもらうために仕事をしている。しかし、ここで重要なのは動機がはっきりしていないということです。人が動く動機は「痛み」と「快楽」だとお話ししました。「痛み」は短期の目標には効果的ですが、長期の目標には適していません。「痛み」は人をすぐさま動かす力がありますが、時間が経つにつれてその効果は薄れてきてしまいます。

ですから半期や年間の長期の目標こそ、達成できたら「快楽」を得られるようにするほうがよいのです。動機となる目標達成によって得られる「快楽」を明確にします。それによりモチベーションを継続させることもできるでしょう。

## ❸悪いパターンをやめて良いパターンに入る

目標達成に向かってうまくいっている時は、無意識にうまいくパターンの行動をしています。

それとは逆に、うまくいっていないと感じる時は、達成できない何かしらのパターンの行動をしています。ですから、少しでもうまくいっている時の行動パターンをすることが大切です。プロのスポーツ選手がルーティンを大切にするのも、この行為のひとつです。

では、うまくいっていないパターンにはまっている時はどうしたらよいのでしょうか？
まずは、次の質問をします。

「全力を出せていますか？」

うまくいっている人は「出せていますよ」や「もう少し頑張れます」と前向きな答えた返ってきます。しかし、うまくいっていない人からは、全力を出せていない理由が返ってきます。

・時間が足りない
・事前準備がギリギリになってしまう
・忙しい忙しいと言っている
・家族内でもめている
・体調が悪い

これがその人のうまくいっていない時のパターンですから、本人にうまくいっていないパターンにはまっていることを認識してもらいます。

このパターンにはまってしまうと、行動を止めてしまいます。そんな時こそ行動することが最も効果的な方法なのです。そこで私は、次のように質問をします。

「思いきってするとしたなら何をしますか?」
「全力でやりきるとしたら何をしますか?」
「力一杯振りきるとした何をしますか?」

そして、まずは現状を打破してもらうことが大切だとお伝えしています。

## ❹問題を細かくして実行しやすくする

目標設定につまずく際に陥りやすいのは、問題を大きく捉えているということです。これは部下が大きく感じているかどうかがポイントです。上司はそんなに難しくないだろうと思っていても、部下の感じ方は人それぞれですから確認が必要なのです。
例えば前年売上比120％という目標を設定されたとします。しかし前年売上さえ難しいと感じていたら、この目標は「無理だ」と諦めてしまうのです
今自分がぶつかっている障害を大きいと感じると、思考は停止します。この状態を放っておくと時間だけが過ぎてしまいます。これはサボっているわけではなく、思考も体も動けなくなってしまうのです。つまり、目標を目標と捉えなくなる状態です。
この場合、行動を促すために次のような質問を投げかけます。

「ちょっとでもよくなる可能性があるのなら何をする？」

ほんのちょっとでもその数字に近づける方法があるのではないか？　と疑問を持たせることができればよいのです。そうすると「確かにいきなり120％は無理でも、1％を20個集めれば……」を思考が働きだします。
これは何か大きな障害を感じる時に、その障害をそのままの大きさではなく小さくして細かく分類することで突破口を見つけるやり方です。

## ⑤やりがいのある別の方法を探す

目標を達成できる人とできない人の違いは、その途中経過を楽しめるかどうかです。自分が楽しくラクにできる方法を持っていないと、長期の目標であればあるほど達成が難しくなります。

例えば、英会話の習得方法は人によって様々です。映画が好きな方は映画で英語を学ぼうとしますし、異文化交流が楽しいと感じる方は対面で学ぼうとするでしょう。行き詰まっていたり、進捗が芳しくない場合は、もしかして楽しく、ラクにできる方法を見つけていないだけかもしれません。そのことに気づいてもらうために次のような質問をします。

「仕事を楽しめていますか？」
「もっとラクな方法はありませんか？」
「もし楽しさを追加したならどんな気持ちですか？」

「楽しく」「ラク」に少しは仕事をできるかもしれないと自身への疑問を持つことができれば、きっと自分で答えを見つけることができるようになります。

## ⑥何度もやって習慣化させる

進捗が芳しくない原因の一つに習慣化できていないということがあります。習慣化できていないということは、何度もやっていないということです。

例えば前年売上比120％という目標があったとします。そのための方法も見つけています。しかしその方法でいきなり売上を伸ばせるわけではありません。

結果を出し続けている人は、何度も練習して習慣化させています。体に覚えさせないと、いざという時にチャンスをものにできないのです。しかし、特にある程度経験を重ねた中堅ともなると、練習が必要だと感じていてもなかなか踏ん切りがつかないのです。

「今さら練習するの？」

「練習相手がいない」

「恥ずかしい」

このような思いは面談をしてみないとわからないでしょう。それがわかれば、一緒に練習しよう、と一言かけるだけで相手はスムーズに動きだすのです。

また、体調が悪かったり、精神的に参ってしまっている時に、習慣化できていればそれほどポテンシャルを下げなくて済むのではないでしょうか？

良い時でも悪い時でもコンスタントに結果を出すためには、練習して習慣化することはとても大切です。それに気づいてもらうために次のような質問をします。

「どれくらいされましたか？」
「何度繰り返しましたか？」
「何度チャレンジしましたか？」

自身へ疑問を持つことができれば、きっと自分で答えを見つけることができるでしょう。

## ❼最適な環境なのかを確認する

何かにつまずいている時には、環境がそれに適応していない、もしくは整っていないということがあるかもしれません。ここでの注意点は、環境には外部環境と内部環境があるということです。多くの人が外部環境が整っていないと考えています。競合が強い、業界が悪い、時期が悪い、場所が悪いなど挙げればきりがありません。しかし、それをつまずきの理由にするのは言い訳であるということは本人もわかっています。ですが、責められたくない、もしくは自分を守りたいという「安定」のニーズが働いているのです。ですから安定ニーズを満たして行動を促すために、次のような質問をします。

「ではどうしようか?」

「このままで本当に大丈夫ですか?」

「何か考えがあるだよね?」

この質問により、自分が裁かれないという安心感を得ることができます。安心感を得ることができれば、人は行動できるのです。

評価制度においては中間面談はとても実は重要です。目標評価制度をされている企業で働く方は良い意味でも悪い意味でも評価を下されます。あなたが上司であるのなら部下の評価を上げていくことも仕事のうちに入っています。

ではどうやって部下の目標を達成してもらうのでしょうか？　それは随時、目標に対しての進捗を確認し、芳しくない際は手助けをする必要があるのです。少しの時間で良いのです。しっかりと上司と部下が向き合うという行為が、部下の目標達成の手助けになるのです。企業においての目標とは、決して一人で達成できるものではないのです。誰かが困っていたら、その人に手を貸そうという心がけがあれば、社員同士の連帯感も高まり、より大きな目標を達成する力をつけることができるでしょう。

# 04 自己評価面談

## 実際のズレを修正していく

自己評価面談では、部下の自己評価と上司の評価を事実確認しながら評価のズレをできるだけ修正していきます。

この面談の目的は、上司や会社が評価を一方的に判断するのではなく、本人がどのように思っているのか、本人がどこを評価してほしいのかなどの確認をすることです。その評価が会社や上司とのズレがある場合は、ズレを確認するのもこの面談の重要な役割です。

部下の話をただ聞くだけでは上司が認めたと判断されてしまうので、会社が求めている判断基準を明確に示す必要性もあります。上司はなるべく公平に話を聞いて評価をしようとしますが、その際に評価者が陥りやすい傾向があるので、この点を触れておきます。上司は部下がなるべく不満を持たないように公平に評価を下すことが求められます。その際に上司が陥りやすい傾向がありますので、この点を説明していきます。

①ハロー効果

ハロー効果とは、被評価者の優れた点や劣った点などに必要以上に重きを置いてしまい、それが全体にまで及んで評価してしまうこと。

②厳格化傾向

一般に、厳しめにまたは悪い評価をしてしまう傾向のこと。部下の成長が物足りないと思っている方や、自分と比べると劣っていると感じた際に辛く評価をしてしまうこと。

③寛大化傾向

一般に、甘くなるまたは良い評価をしてしまう傾向のこと。部下を褒めて育てたいという場合や、部下を信頼していると感じた際に甘く評価をしてしまうこと。

④近接誤差傾向

近接誤差とは、本来であれば期中すべての出来事を公平に鑑み評価するべきところを、評価する日時に近い出来事に偏った評価をしてしまうこと。

⑤中心化傾向

評価が中央に集まってしまう傾向のこと。不満や軋轢を生むことを恐れるあまり、評価が中心近くに集まってしまうこと。

⑥論理誤差傾向

論理誤差とは、一つひとつ評価するべき各評価項目を、項目間には密接な関係があると考えて評価者自身が自分なりの論理で評価をつけること。

⑦対比誤差傾向

対比誤差傾向とは、上司自身または特定の人を基準として評価すること。自分または特定の人と比較してできている、できてないと評価してしまうこと。

■上司が陥りやすい傾向

**ハロー効果**

被評価者の優劣を必要以上に気にしてしまう。
結果的に関係ない場所まで偏見の目で見てしまうことになる。

**厳格化傾向**

公平に見て、厳しめ、または悪い評価をしてしまう。
自分と比較して部下が劣っていると感じるとしがち。

**寛大化傾向**

厳格化とは真逆の傾向。部下に対して甘い評価をしてしまう。
褒めて伸ばすタイプの上司がこれに陥りがち

**近接誤差傾向**

評価日（面談日）に近い日の出来事のみで部下を評価してしまう。
本来は、期中に起きた出来事全てで評価しなくてはならない。

**中心化傾向**

中心的な評価ばかりつけてしまうことをいう。
部下からの不満、または軋轢が生まれることを恐れた時に陥りがち。

**論理誤差傾向**

上司が自分なりの理論で評価してしまうことをいう。
全ての評価項目に密接な関係があると思い込んだ時に陥りやすい。

**対比誤差傾向**

上司が自分、または特定の誰かを基準に評価してしまうことをいう。
本来は誰かを基準にするのではなく、公平な目で見なくてはいけない。

**自分がどの傾向にあるのかをしっかりと把握して
適切な面談が行えるように自分の準備をしておこう**

# 05 フィードバック面談

## タイプごとに対応を変える

上司がつけた人事考課を部下にフィードバックするための面談です。最終評価が出た後に行われます。評価結果を踏まえて今後どのようにしていくのか、またはその評価になった経緯を話します。

評価された人は主に3つのタイプに分かれるので、そのタイプごとに対応を変える必要があります。

### ・自己評価より上がった人への対応

いかに会社が評価しているのかを伝えることで、今後の仕事へのモチベーションとしてもらいます。

・自己評価と変わらなかった人への対応

一番多いタイプです。自己評価とさほど変わらなかったことを本人がどのように捉えているのかが問題です。気になった評価を確認し、一つひとつ丁寧に説明します。

・自己評価より下がった人への対応

自己評価より下がった人が、一番心理的には不安定になっています。まずはこの評価をどのように捉えているのかを確認します。納得しているのなら問題ないのですが、納得していなかった場合、より丁寧に相手の気持ちに寄り添い、評価の基準やズレを伝えていくことが求められます。

## 目標管理制度を導入している企業は大きな課題を抱えている

目標管理制度を導入している企業の大きな課題は公平な評価をつけることがとても難し

いということです。

多くの時間やエネルギーを割いて、評価面談をする役職者に研修などを行いますが、人間がするものなので完全な公平性などは難しいのです。感情を排除しての評価などできないからです。しかも、たとえ公平な評価だったとしても、評価を受けた部下が納得しなければ意味はありません。

評価面談制度は、全体の公平性を保ちながら社員の成長を促すことが目的のひとつです。できた、できなかったの判断を目的としてはいないのです。

ここで誤解がないようにお伝えしますと、目標管理制度を否定しているわけではありません。目標管理制度は良い点も多くあります。目標管理制度をしている企業には、この制度を有効に使うためにも中間（期中）面談をしてほしいのです。

私が中間（期中）面談がとても大切だとお伝えしたのには、ここに理由があります。

途中経過を知っていての人事考課ならまだ納得します。しかし自分のことを何も知らない上司にいきなり自分の評価を下げられたら納得できません。自分の生活の糧や今後のキャリアが、自分のことを何も知らない上司に判断される。特に真剣に働いている人ほど不満を覚えます。この不満がくすぶり続けると退職という形になってしまいます。そのような悲しい結果にならないために中間（期中）面談が必要なのです。

最低でも月1回の面談は必須だと私は伝えています。毎月の面談では、モデルケースとして次の3つのことを聞くのが効果的です。

・現在の進捗
・次回までの課題
・最終的にどうなりたいのか？

15分で全部は無理かもしれませんが、まずはやってみることをお勧めしています。もちろん、プレゼントの面談シートを使うのも非常に効果的です。

■どちらの立場にも悩みはつきまとう

**部下の悩み**

- 公平な評価が本当に可能なのか心配
- プロセスを上司が評価してくれるのか不安
- 未達成のときに評価が下がるのでチャレンジしにくい
- 役職に応じて評価が変わる心配

**上司の悩み**

- 目標管理制度の手法を理解しにくい
- 制度の変更についていけない
- プレイングマネジャーとして忙しく、時間を割けない
- 部下の目標達成も自分の評価になるので、高い目標を立てさせにくい

# 06 より効果的な面談を行うには

## 信頼関係が大事

何度もお伝えしていますが、信頼関係が特に大事です。信頼という字は「信じて頼る」と書きます。どちらか一方だけが頼るという関係性ではないのです。お互いが気持ちの上で対等であるがゆえの信頼なのです。別の表現では、相手をリスペクトできるのか、ということです。そのリスペクトする部分は仕事でなくてもよいのです。

確かに、職場では上司であるあなたが一番仕事ができるでしょう。また部下の足りないところやミスを多く見つけてしまうでしょう。そうであればあるほど、あなたが部下をリスペクトするのが難しくなります。ですから一度、職場から離れて相手を見てみることをお勧めします。

例えば、剣道二段とか、長年コーラスに通っている、TOEIC700点以上などのわかりやすいものでもよいかもしれません。その他、料理が得意、しっかり子供の世話をしている、絵がうまい、字が上手、なんでもよいのです。

自分よりも優れているところを部下は多く持っているはずです。なのに気づかないのは、単に話をしていないからです。

今信頼関係ができていなくても、面談を重ねていけば自然と培われていきます。

まずは部下のすごいところ、尊敬できるところを探してみてください。

## 紙に書くことが大事

私たちは忘れる生き物です。年始に決めた目標ですら2、3ヶ月で忘れてしまいます。仕事の目標も同じです。

ではどうやって覚えるのか？　それは「何度も書く」ことです。

文字を何度も書くという行為は、V視覚、A聴覚、K体感覚のすべてを使うので、インプットしやすいのです。それだけでなく、実はアウトプットもできています。書き出すことで、頭の中でバラバラになっていた思考が整理され形になります。

面談でも、たくさんの紙とペンを使って書くことを推奨しています。

しかしここで間違ってほしくないのは、書くのは部下であって上司であるあなたではないという点です。あなたも覚えることは大切ですが、部下本人が覚えなければ意味がありません。

そして相手に書く時間を与えてください。面談の短い時間では無理なら後ほどでもかまいません。

## 自分の目標は公言しよう

多くの方が、次回の目標またはやりたいことを見つけても、それを胸にしまい込んでしまいます。これは非常にもったいないです。

アメリカの大学で、自分の目標を公言することでどれくらい目標達成の到達率が変わるのかを調べる実験が行われました。電話調査に回答した４３４名のうち１７８名（41％）

が新年の決意を行い、２５６名（59％）が行っていませんでした。決意の主な内容は奇をてらうものではなく「体重を減らす」（31％）や「運動をする」（15％）、「禁煙」（12％）などでした。

新年の決意を行い公言した人のグループと比較するため、新年の決意を行っていない人に「もし自分の行動を変えたいと考えるなら、今年は何を変えますか？」という質問をすることで、何か行動を変えたいと心の中では考えている人たちのグループを抽出。２つのグループをフォローアップ調査することで、体重の変化や禁煙の成否などの結果の違いを比較しました。

その結果、決意を公言した人のグループ

■宣言することが結果につながる

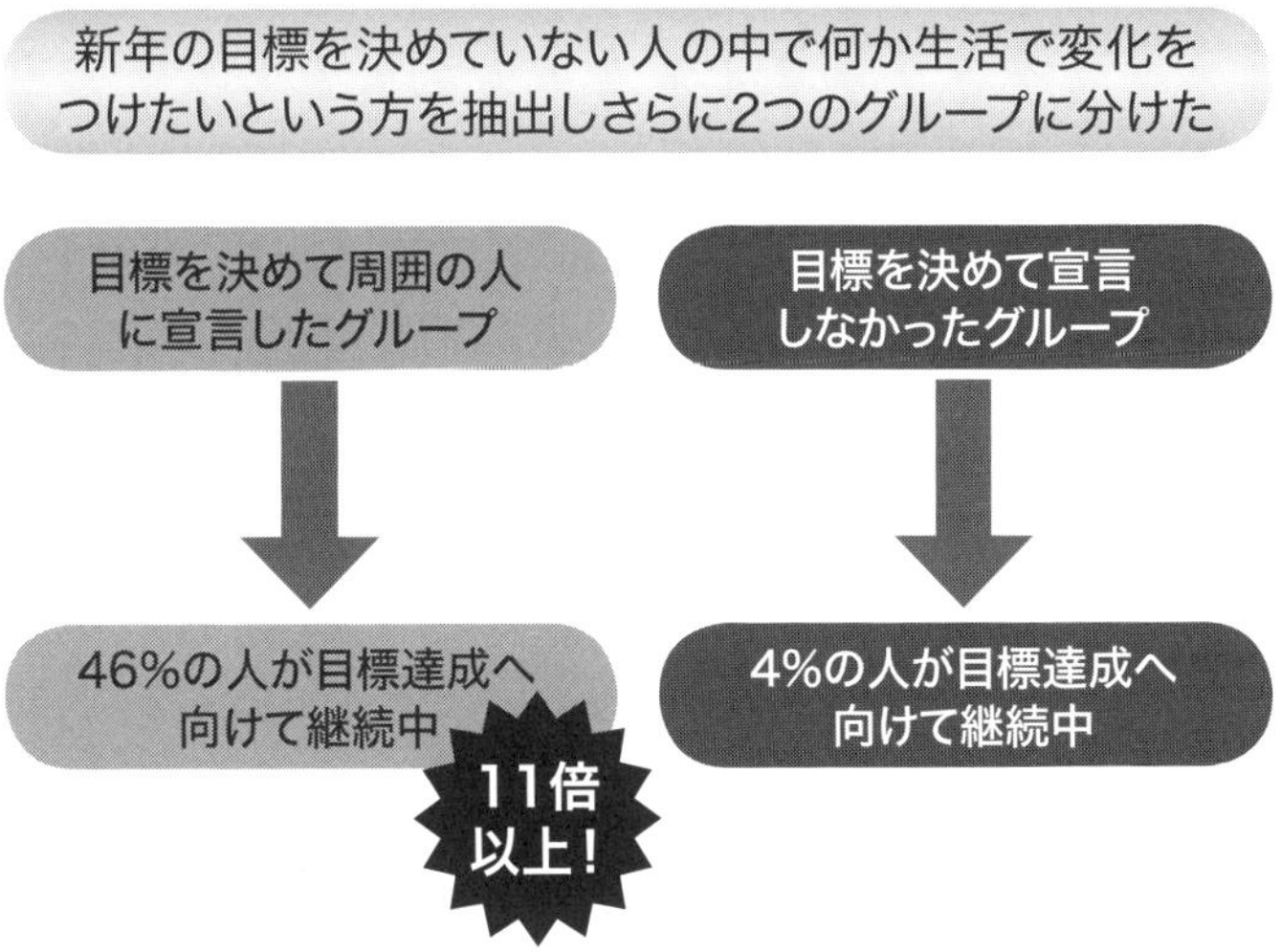
新年の目標を決めていない人の中で何か生活で変化をつけたいという方を抽出しさらに2つのグループに分けた
目標を決めて周囲の人に宣言したグループ
目標を決めて宣言しなかったグループ
46%の人が目標達成へ向けて継続中
4%の人が目標達成へ向けて継続中
11倍以上！

で継続的に成功していた人の割合は、1〜2週間後で71％、3〜4週間後で64％、3ヶ月後で50％、6ヶ月後で46％でした。

その一方で、何かを変えたいという気持ちはあっても決意を公言していなかった人のグループでは、1〜2週間後で51％、3〜4週間後で17％、3ヶ月後で16％、6ヶ月後で4％でした。

半年後にも継続的に成功しているかどうかは、決意を公言したグループと公言しなかったグループで、なんと11倍以上の差（46％と4％）がありました。この研究結果からわかるように、自分の決意を語るだけで11倍叶いやすくなるのです。どうしてこのようなことが起きるのでしょうか？　私たちは公言することで周りの目を意識するようになります。周りの目を意識することでアドレナリンが分泌され感情が高まります。

記憶は感情と密接なつながりがあるのでその結果、記憶に定着するのです。さらに他人に公言することで、これは自分一人のことだけでなく相手との約束になります。相手にがっかりさせたくない、かっこいいところを見せたいという気持ちが、より目標を達成できるひとつの秘訣になるのです。ですから部下の面談でも目標は公言するように勧めてみてください。私は最低3人には伝えるようにお勧めしています。

## 提出先をたまに変えることも大事

面談では企画書や提案書を作成します。その提出先は直属の上司であることが多いと思います。良くも悪くも直属の上司の判断で、企画書や提案書は査定されます。直属の上司は受け取った企画書や提案書を、さらに自分の上司へ渡します。その際、直属の上司の企画書や提案書になりますから、一定レベルのものになっています。

しかしそれゆえ、直属の上司の価値観が強いものになってしまいます。部下の企画や提案は、不完全がゆえに面白い企画や斬新なアイデアにあふれていることがあります。

しかし、上司のフィルターを通ることができずに、面白い企画や斬新なアイデアが埋もれてしまう場合も多々見受けられます。

もし上司として面白いけど自分で許可ができない場合などは、他のところに企画を回したりしてはいかがでしょうか？　部下もたまには違う部署や人からの意見を聞くことで、多くの気づきを得ることができたりします。

## 業務提案書を受けたら即決断が大事

提案書や企画書を受け取った時に、どのようにしていますか？

これは私が常々話していることですが、提案書を受け取った最終決定者は即断で否決・保留・可決をする必要があります。これは上司であるあなたの責務です。

一番部下が困るのは、結果がどうなったかわからないことです。

部下は自分の提案は余計なことだったのではないかと不安に思っています。結果がわからない限り動けません。でも上司に確認するのもはばかられます。2、3ヶ月も放置されたら心が折れてしまいます。二度と企画や提案をしなくなるでしょう。

部下に意見や提案を望むのならば、上司であるあなたが責任を持って、なるべく早くあなたの判断を相手に伝えてあげてください。

## 回答の時はサンドイッチで行うことが大事

部下への指摘はどのようにしていますか？

指摘する際は、褒めて、指摘して、褒めるが基本です。この方法が一番効果があります。

特に企画書や提案書は通常業務以外の作業で正直にいえば余計な仕事です。

ですから、まずは企画や提案書を出したことを褒めましょう。

その後、もったいないところ、改善できるところ指摘します。

最後にまた、この頑張りに対して褒めましょう。

甘やかしすぎなのではと思われる方もいると思います。そう甘やかしてよいのです。是非一度、部下を褒めて褒めて調子に乗せてみてください。びっくりするような成果をあげるかもしれません。

まずは企画や提案書を出したことを褒めてあげてください。

その後指摘したいところや注意したいことを伝えていきます。

「この表現だと分かり難い」「具体性が足りない」「いつまでにするが抜けている」などなど指摘することは上司のあなたから見たら多くあるでしょう。たくさん指摘してください。上司であるあなたの指摘事項が終わったなら最後にまた褒めてあげてください。甘やかしすぎではと思う方もいると思います。確かに上司であるあなたから見たら甘やかしていると感じるかもしれませんが、もしあなたの部下が行き詰まっているのなら、試しにやってみてはいかがでしょうか？　もしかしらびっくりするような結果を出すかもしれません。ただし、褒めちぎって甘やかしてばかりでは、部下が自分の能力や立場を勘違いしてしまう可能性も考えられるので、褒めること、指摘することはあなたの中できちんと基準を設けて部下に接するようにしましょう。

## 部下の状況を随時確認することが大事

人は常に変化しています。ですからオリエンテーションほど重要な面談はないのです。自分のことを話すのは勇気が要ります。特に相手の時間をとってまで困っていることを話すのは本当に怖いのです。しかし自分が今困難な状態にあることを上司には知っていてほしいとも思っています。

このような話は会議中や職場ではできません。ですから面談が定期的に必要になってくるのです。たとえあなたは何もできなくても、寄り添って話を聞いてあげてください。そのような危機を乗り越えた人が、会社にとってかけがえのない人材になっている例をたくさん見ています。部下が困っている時に支えられる範囲で支えてあげれば、ゆくゆくはあなたにとってゆ頼れる存在になっていくと思います。

部下の状態を聞き出すために私がよく使っているのが次のような言葉です。参考になれば幸いです。

「今ちょっとでも気になっていることはありますか？」
「これから先ちょっとでも困りそうなことはありますか？」
「先々を考えて、私に伝えておいたほうがよいことはありますか？」

## 部下の本気はあなたを試す

部下が本気になればなるほど、上司であるあなたに意見や提案が増えてきます。

それらがすべて無料でやれるものならばよいのでしょうが、当然予算が必要なものも多数出てきます。

その判断をあなたは求められます。

予算は有限です。その中で何を優先して、何を後に回すのか、悩んだり躊躇してしまいます。あまりの予算にびっくりするかもしれません。

そんなあなたの言動を部下はじっくりと見ています。

そういう時のために、自分の中で金額のラインを引いておきます。ライン以下なら基本的にOKとし、ライン以上なら最低2社から相見積もりを取るなど対応を決めておくのをお勧めします。特に微妙な案件を決めていことがとても大切です。部下はあなたの決める姿勢を見ています。

■本気になれば上司が試されるというサイクル

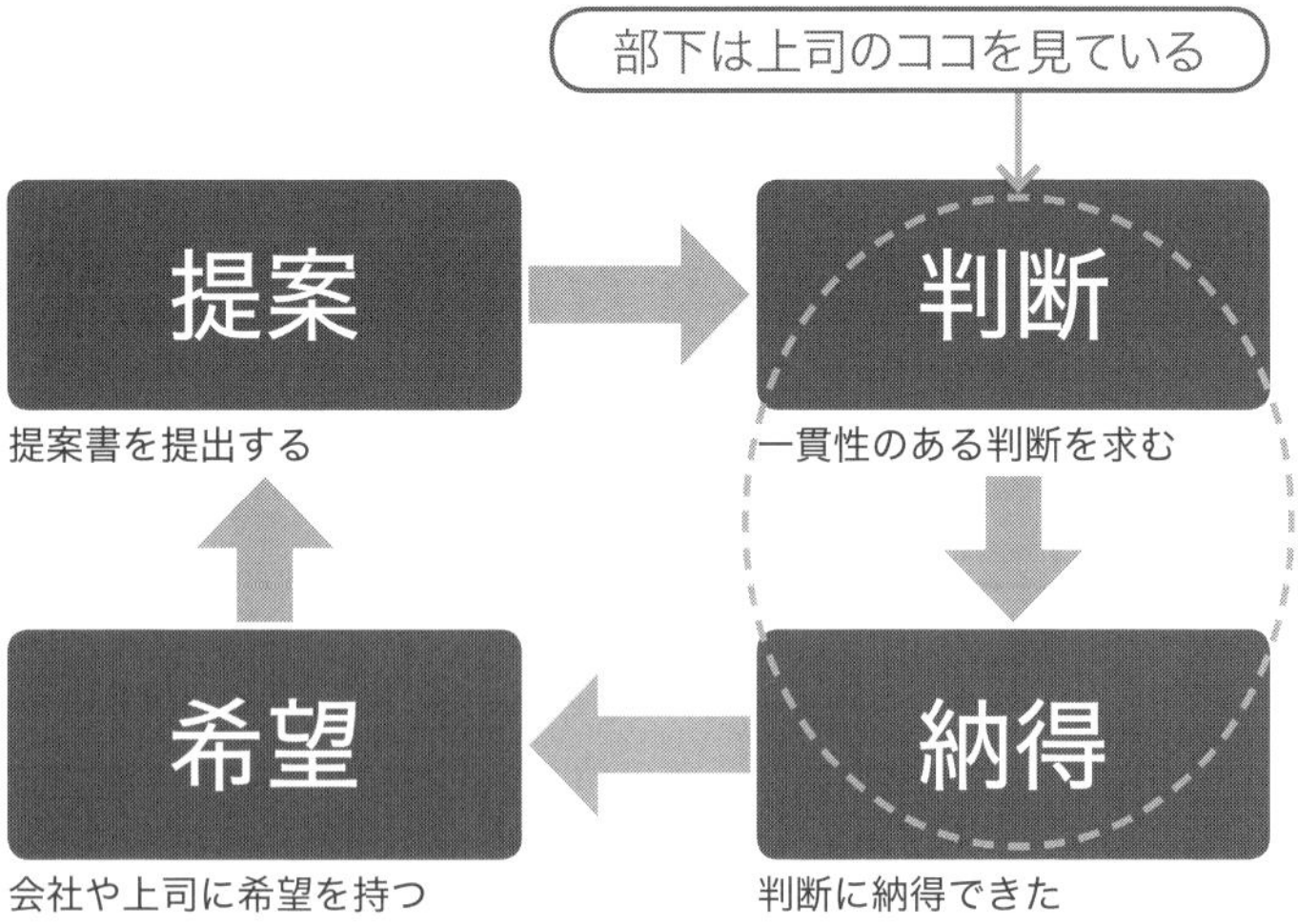

# 第6章

# 困った社員のモデルケース

# 01 ケース別に対処法を考えよう

## 注意事項

ここでは第5章でお伝えした7つのステップを使ってどのように部下を目標達成まで導いていくのかを解説します。

すべてこのように進むというわけではありませんが、例として参考にしてください。

面談は、より細かくいえばスキルになります。面談を専門にする方は、常に質問や言葉に意味を込めています。一つひとつの相手の言葉、目線、表情、声のトーン、体の動きなどを考慮して、最適な言葉を選んでいます。

面談はスキルゆえに、誰でもできるようになります。

一番の近道は、専門家の面談を実際に受けてみることです。自分が体験することで、よりスキルアップが図れます。
※例題に登場するのは架空の人物です。

再度、面談の5つの心構えと、目標達成の7つのステップを確認しながら読み進めてください。

目標達成の7つのステップ
①上司と部下との信頼関係を作る
②動機をより明確にする
③悪いパターンをやめて良いパターンに入る
④問題を細かくして実行しやすくする
⑤やりがいのある別の方法を見つける
⑥何度もやって習慣化させる
⑦最適な環境なのかを確認する

面談の5つの心構え

・今の部下に稼いでもらうと決める
・部下の長所を伸ばすと決める
・やる気を引き出すのではなく行動を引き出すと決める
・自分の弱さをさらす
・自らゴールを決めてもらう

## 「時間がないんです」と言う部下との面談

上司「前回の課題はどうでしたか？」……………………………………………ステップ①
部下「ちょっと厳しいですね」
上司「厳しいとは？」……………………………………………………………ステップ①
部下「いや実は全然進んでいないんですよ」
上司「全然進んでいないんですね」………………………………………………ステップ①
部下「はい」

上司「何が障害になっていたのですか？」……………………………ステップ④
部下「う〜んやはり日々の業務に追われて時間が取れないことが問題だと思います」
上司「時間が取れないんですね」……………………………………ステップ①
部下「はい時間がないんですよ」
上司「時間がないという表現ではわかりにくいので、どれくらいの時間があればよいのですか？」………………………………………………………………ステップ③
部下「う〜んやはり3、4時間は欲しいですね」
上司「3、4時間欲しいんですね」……………………………………ステップ①
部下「はい」
上司「ではどうやったら3、4時間時間を作れますか？」…………ステップ④
部下「いやいや簡単に言いますけど、3、4時間など今の業務の中でとれないですよ」
上司「なるほど、その3、4時間を思いきって取るならどうしますか？」……ステップ③
部下「う〜んやはり難しく感じます」
上司「ではもう少し細かくすることはできますか？」……………ステップ④
部下「細かくですか……確かに工程を分ければなんとかいけるかな？」

上司「何か考えが浮かびましたか？」……………………………ステップ①
部下「はい！　確かに3、4時間まとめて取ることは厳しいですが、工程を分ければいける
かなと思いました」
上司「ではそれはいつまでに試してみますか？」……………………ステップ③
部下「次の面談までに試してみます」
上司「何か他の障害は考えられますか？」…………………………ステップ⑦
部下「いや、いけると思います」
上司「ではこれがうまくいけばどれくらい進捗しますか？」………ステップ⑦
部下「予定の60％までいけると思います」
上司「最初の予定通り間に合いますか？」…………………………ステップ④
部下「少し無理すればもっといけるかもしれません。次回の面談の際にご報告します」
上司「はい！　それでは是非次回の報告を楽しみにしています」…………ステップ①

部下との面談で一番多い回答が、この「時間がない」です。実はこの「時間がない」というのは、本質的に変化を嫌う「安定のニーズ」が強くなっている場合に多く出てきます。

別の表現をすると、今のままのやり方では時間が足りないという意味です。ですから、まず時間がないというのが自分の思い込みであることに気づいてもらう必要があるのです。

時間がないという表現のままでは話は進んでいきません。存在がないものをいくら議論しても解決しないからです。ですから、ここでは「時間がない」という部下の表現を「どれくらいの時間が必要なのか？」と言葉のパターンを変えてもらう質問をしています。そうすることで話を展開させていくのです。次に上司の「ではどうやったら3、4時間時間を作れますか？」という質問で、より具体的に必要な時間を確保できる

■時間がない人の考え方

かどうかの確認をします。ほとんどこのような場合、「難しく感じます」などの言葉が返ってきます。最初からそんなにまとめて時間を取れるのなら、そもそも時間がないという表現は部下はしないのです。

そこでより問題を解決可能な形にするため「ではもう少し細かくすることはできますか？」という質問をしています。これは3、4時間まとめて時間を取る必要があるという選択肢しかなかったのを、細かな時間でも可能ではないかという選択肢を広げてもらう質問になります。おそらく初めて、部下は自分の考えの枠を広げることができた瞬間です。その後はいつまでに何をどうするのか？　ステップ7の質問が続いていきます。この段階で次回までに大きな障害がないことを確認しています。ここで確認することが大切です。もしここで障害が出てきたら、また障害を取り除く必要があるからです。今回の場合は障害もないとのことなので、これで終了です。

## 「続けられないんです」と言う部下との面談

上司「前回の課題は進捗はどうでしたか？」……………………………ステップ①

部下「ちょっと厳しいですね」
上司「うまくいっていないですか？」……………………ステップ①
部下「はい進んでいません」
上司「何が障害になっているのですか？」……………ステップ④
部下「特に何かあるわけではないのですが、ただ単に続けることができていないです」
上司「続けることができていないとは、どのような意味ですか？」………ステップ①
部下「何日かは続けれるのですが、継続することができないんです」
上司「継続ができないんですね」……………………ステップ①
部下「はい。続けてできないんです」
上司「過去何かを継続する時はどうしていましたか？」………ステップ③
部下「過去にですか……そうですね。スケジュール帳にチェックをしていました」
上司「スケジュール帳にチェックをしていたのです？」………ステップ①
部下「はい」
上司「今はスケジュール帳にチェックしていますか？」………ステップ④
部下「いやしていないです」

上司「ではどうしていきましょうか？」……………………ステップ④
部下「スケジュール帳に記入していきます」
上司「それで続けられるようになりますか？」……………ステップ⑦
部下「そうですね……完全にとは言えないまでも、ある程度はいけると思います」
上司「ある程度とは？　数字でいうとどれくらいですか？」…………ステップ④
部下「70％くらいですかね？」
上司「ではあと10％もしくは20％伸ばすならどうしますか？」…………ステップ④
部下「忘れなければやると思います」
上司「では忘れなければを別の表現にするとどうなりますか？」…………ステップ③
部下「覚えるですかね？」
上司「ではもし覚えたらどうなりますか？」……………ステップ④
部下「覚えたら……確かに覚える方法があればよいと思います」
上司「ではどうやって覚えていきますか？」……………ステップ④
部下「そうですね。まず目につくところに書いておきます」
上司「例えばどんなところですか？」……………………ステップ④

部下「携帯の画面なんていいかも？　いつも見ますし、あとトイレとかもいいかもしれません」

上司「携帯の画面やトイレなどですね。実行できそうですか？」……………ステップ⑥

部下「トイレはちょっとわかりませんが、携帯の画面ならすぐできます」

上司「おっ！　では今やってみましょうか」……………………………ステップ③

部下「はい」

上司「で、どうですかやってみた感想は？」………………………………ステップ⑦

部下「はい！　これなら毎日見ますから、いやでも覚えておけると思います」

上司「これでどれくらい継続できそうですか？」……………………ステップ⑦

部下「携帯にもありますし、スケジュール帳も書き込みますから、間違いなく継続できると思います」

このパターンもとても多い回答になります。継続が苦手な部下への対応です。「続かない」という人の多くは、自分にとってやりがいある方法を探していないということが多いです。

自分の努力不足という理由に甘んじてしまっている状態なのです。どうしてできないんだと責めても、自分の能力の低さやダメさを理由に変化しようとしないのです。

このような人は安定のニーズが強いため、過去の成功パターンを探す質問が効果的です。「過去に何かを継続する時はどうしていましたか？」この質問で過去にうまく継続できたパターンを見つけることができれば、話は一気に加速していきます。スケジュール帳だけで十分かはこちらにはわからないので「それで続けられるようになりますか？」という質問をしています。その回答が「ある程度は」です。しかし面談の場合は「ある程度」ではダメなのです。

■続けられないのはなぜ？

今回のケースではスケジュール帳に記入したとしてもまだ忘れる可能性があるとのことだったので、より少しでも達成が可能になる質問をしています。「ではあと10％もしくは20％伸ばすならどうしますか？」実はこの質問がとても大事なのです。なんとなくできるかもではなく、面談終了後には必ずできると本人が思えることが大事なのです。本人ができるというところまで持ってこないと、結局できなかった時に自分をかばうようになってしまうのです。最後はステップ7の質問で障害がないのを確認して面談終了です。

## 「遅刻癖が直らない」部下との面談

上司「前回の課題はどうでしたか？」……………………ステップ①
部下「正直うまくいっていないです」
上司「うまくいっていない？」……………………………ステップ①
部下「はい遅刻をまたしてしまいました」
上司「遅刻してしまったのですね」…………………………ステップ①
部下「よくないのはわかっているのですがなかなか朝起きられないんです」

上司「朝起きられないんですね。このままで大丈夫ですか？」……………ステップ②
部下「いや先々を考えたら絶対に悪いです」
上司「絶対に悪いと思っているんですね。ではどうしましょうか？」………ステップ④
部下「はい遅刻をなくしていきます」
上司「以前も同じことをおっしゃっていましたが、このパターンで本当に遅刻しなくなりますか？」…………………………ステップ③
部下「いや……どうしたらよいか……」
上司「では遅刻しないを他の言葉に変えるとどのようなことですか？」……ステップ③
部下「必ず定時に出勤するということですかね？」
上司「定時に出勤するということですね」……………………ステップ①
部下「はい」
上司「ではどうやったら定時に毎日出勤できるのでしょうか？」…………ステップ④
部下「夜更かしをしないですかね？」
上司「本当にできますか？」……………………………………ステップ②
部下「……厳しいですね」

上司「ですよね？　ではどうしますか？」……………………ステップ④
部下「朝きちんと起きるということだと今思いました」
上司「では朝起きるためにどうしていきましょう？」…………ステップ④
部下「まず目覚ましをもう1つ買います！」
上司「わかりました。ではそれで何日は絶対定時に出勤できると言えますか？」
……………………………………………………………………ステップ⑦
部下「目覚ましが2つだと……1ヶ月はいけると思います。」
上司「では絶対に1ヶ月間定時に出勤できますか？」…………ステップ②
部下「はい！　大丈夫です」
上司「ではもし定時に出勤できなかったらどうしましょう？」…ステップ②
部下「反省文を書きます」
上司「どれくらい？」…………………………………………ステップ②
部下「400字詰めで3枚」
上司「これで1ヶ月間定時に出勤できますか？」………………ステップ⑦
部下「はい多分大丈夫だと思います」

上司「多分？」……………………………………………………………ステップ②
部下「いや……」
上司「より必ず出勤するために何かできることはありますか？」……ステップ②
部下「う～ん会社の皆に今のことを宣言してみるというのはどうでしょうか？」
上司「いいですね～では宣言してみますか？」…………………………ステップ②
部下「はい！　会社の何人かに宣言してみます」
上司「宣言したらどうなりそうですか？」………………………………ステップ⑦
部下「みんなびっくりして応援してくれると思います」

遅刻癖がなかなか直らないという部下との面談の解説です。様々な理由があるとは思いますが、基本勤怠が悪いということは多くの企業にとって不利益になる場合が多いです。では、どのように勤怠が悪い人との面談をしていくのがよいのでしょうか？　本人は勤怠が悪いといっても、毎週遅刻や欠勤をするわけではないので今のパターンをわざわざ変えるという行為までにいきつかないのです。

なので、ここではまず「遅刻をしない」という表現を「毎回定時に出勤する」に変えてもらっています。実はこれも心理的な作用なのですが、「遅刻しない」という表現は厳密にいうと達成不可能になるのです。今後一生、遅刻しないことを約束できるかと聞かれても、多くの方はＹＥＳと言いにくいと思います。事故に巻き込まれたり、不幸が重なったり、寝坊してしまうことが誰にでも起こりえるからです。これと同じようなパターンに「ミスをしない」というものがありますが、どんなに気をつけてもミスは起きます。つまり、達成することが不可能な目標を、目標として設定するべきではないのです。ですので、このケースでは「定時に出勤する」という表現に変えもらっています。ここで何度も遅刻しているにもか

■遅刻が治らないのはなぜ？

かわらず、新たな行動を起こしていなかったことが「目覚ましをもう1つ買います」の言葉でわかります。目標は達成できそうなものがよいというのも、本人が達成するのは不可能と思った目標では行動に変化は起きないのです。その後、動機を明確にするために「より必ず出勤するために何かできることはありますか？」という質問をしています。この質問に対する回答は様々です。人によってニーズが違いますから、動機付けの質問は相手に答えてもらう必要があるのです。

最後はステップ7の質問で障害がないのを確認して面談終了です。

## 「他責にする」部下との面談

上司「前回の課題は進捗はどうでしたか？」……………………ステップ①
部下「正直うまくいっていないです」
上司「うまくいっていない？」……………………ステップ②
部下「そもそも私が問題ではなくて、部下が問題なんです」
上司「部下が問題とはどのようなことですか？」……………………ステップ④

部下「部下のやる気がそもそもないんですよ」
上司「部下のやる気がない」……………………………ステップ①
部下「はい！　その通りです。だからうまくいっていないんです」
上司「だからうまくいっていないんですね。それはおつらいですね」………ステップ①
部下「はい！　そうなんですよ。本当に何もわかっていないんですよ」
上司「……本当に部下が悪いと思っていますか？」…………ステップ③
部下「はい！」
上司「100パーセントですか？」…………………………ステップ③
部下「いや……確かに私にも悪いところはあると思いますよ」
上司「悪いところがあるといいますと」…………………ステップ①
部下「確かに指示の出し方が問題だったり、部下の意見を無視して決めたのは多少悪かったと思っています。しかし……」
上司「自分にもいくらか悪いところがあったとは思っているんですね」……ステップ①
部下「そりゃそうですよ。全部が全部、部下が悪いとまでは思っていませんよ」
上司「では今後どうしていきましょうか？」…………………ステップ①

部下「部下にもっと指導していきます！」

上司「それで本当に変わりますか？」……………………………ステップ③

部下「いや〜今までも何度もきつく言ってこれですから難しいかもしれないですね」

上司「では他に案はありますか？」………………………………ステップ④

部下「う〜ん私の指示の出し方を変えるのがよいのでしょうが……」

上司「何が障害ですか？」…………………………………………ステップ④

部下「面倒なんですよね？　私もカッとなって言ってしまいますから」

上司「では面倒でない方法とは？　どんな方法があれば良いですか？」……ステップ③

部下「そうですね……もっとラクでこちらの意図が伝わるやり方があればよいですね」

上司「ラクでこちらの意図が伝わるやり方があればよいのですね？」………ステップ⑤

部下「はい！」

上司「では一緒にそれを探してみましょう。ちなみに何か案がありますか？」ステップ①

部下「今ふと思ったんですが……別に自分がわざわざ伝えなくてもよいのではと思いました」

上司「といいますと？」……………………………………………ステップ①

部下「部下の中にAさんがいるんですが、この人はいつも自分の言ってることを理解してくれているんです」

上司「Aさんは理解してくれているんですね」……………………ステップ①

部下「はい！ 他のメンバーにAさんから伝えてもらってその確認を自分がする！ うんこれならいけるかも」

上司「ご自分で言ってみてどうですか？」……………………ステップ⑦

部下「やれる気がしてきました！」

ついつい他責にしてまう人との面談です。今回のケースは、自分はしっかりしているのに部下が物足りない、能力不足、やる気不足というように思っている上司にありがちな面談の内容です。このような人は自分は仕事をしているという自負があるので、自分自身の大きな変化を好みません。この考え方は決して間違っているというわけではないのですが、自分が正しいという考え方が強いためになかなか変化が訪れないのです。

自分は変わりたくないから相手に変わってほしいという考えが強いです。では、このような人に新しい気づきや行動をしてもらうためにはどうしたらよいのでしょうか？ 基本的に他人の所為にする人は自己保身に走る傾向なので、ニーズでいうと「重要感」「安定」が強いタイプになります。このタイプには次のような質問が有効です。「100％ですか？」これはパターンを崩す質問になります。何かことが起こる場合、どちらかが100％悪いということはありません。この言葉が出ると、確かに自分も悪いところがあったかも？　と自分に対して疑問を持つことができます。ここがスタートになります。自分も悪いところが少しでもあるのなら、それを改善していこうとなります。しかしここで重要なのは、うまくいっていない方法をまたやろうとすることです。ですから悪いパターンを繰り返していないか

■他人の責任にする人の考え方

の確認も大切なのです。多くの人が失敗した同じやり方で、その障害を突破しようとします。

それは決して間違っているとは思いませんが、他にも多くの選択肢があることを思い出してもらいたいのです。その結果、同じやり方を選ぶのはよいのです。他にもいろいろな選択肢があるということに気づくことができれば、また変化が訪れます。最後はステップ7の質問で障害がないのを確認して面談終了です。

## 「仕事ですか?」と聞いてくる部下との面談

上司「前回の課題は進捗はどうでしたか?」……………………ステップ①
部下「正直うまくいっていないです」
上司「うまくいっていない?」……………………ステップ①
部下「そもそも私の仕事ではないと思います」
上司「自分の仕事ではないとはどういうことですか?」……………ステップ④
部下「これは通常業務外の仕事だと思います」

上司「なるほど。では○○さんにとって仕事ってなんですか？」……………ステップ①
部下「それは自分が業務中に割り当てられたことをすることです」
上司「○○さんの仕事ってそのような意味なんですね？」……………ステップ①
部下「はい！　割り当てられた仕事はきっちりしています。ただそれ以外は違うと思います」
上司「ではどうしましょうか？」……………………………………ステップ④
部下「この仕事はもっと向いている人がすべきだと思います」
上司「向いている人というと？」…………………………………ステップ①
部下「……」
上司「どうしましょうかね？　本当はどうあればよいのですか？」…………ステップ③
部下「せめて業務時間内にできればよいと思います。そうすればなんとかできると思うんです」
上司「どうやったら業務時間内でできるか一緒に考えていきましょう」……ステップ①
部下「はい！　お願いします」
上司「では今業務時間内でできる方法は浮かんでいますか？」…………ステップ④

部下「業務中の仕事量を減らすしか考えられないです」

上司「どうやって減らしていきますか？」……………ステップ④

部下「通常業務の一部を他の人にしてもらう？」

上司「通常業務の一部を他の人にしてもらうということですか？」……ステップ④

部下「はい。確かにそれがいいと思うんですが……」

上司「何が障害に感じますか？」……………ステップ④

部下「ただでさえ皆忙しいのに、新しい仕事がくると嫌な気持ちになるのでは？」

上司「新しい仕事を迷惑に感じる人がいるのでは、と考えているのですね？」

……………………………………………ステップ④

部下「はい！」

上司「ではどんな場合なら仕事を頼めますか？」……ステップ③

部下「そうですね。その仕事を楽しめる方やその仕事をしたい方ですね」

上司「そんな方は周りにいませんか？」……………ステップ③

部下「そういえば、以前Bさんが何か新しい仕事はないか聞いてきてたような」

上司「思い浮かんだ人がいるのですね」……………ステップ①

部下「はい！　楽しめるかどうかはわかりませんが、そんなに嫌がらない人はいました」

上司「ではもしその人が通常業務の一部をしてくれたらどうですか？」…………………………………………………………………ステップ⑦

部下「そうしたら時間ができるので時間内に課題はできると思います」…………ステップ⑦

上司「今ご自身で言ってみてどうですか？」…………………………ステップ⑦

部下「はい！　これならできると思います」

上司「では次回の面談までどれくらい進みそうですか？」…………ステップ⑦

部下「そうですね。結構いいとこまでは進めそうです」

上司「最初に発言した、私の仕事ではないと言っていたことと矛盾するところはありませんか？」…………………………………………………………ステップ⑦

部下「はい！　私の中では矛盾はありません。」

「仕事ですか？」と不満そうに確認してくる人との面談の際には、どのようにすればよいのでしょうか？　最近の若い人に多い傾向ですが、勘違いしてほしくないのは決して仕事を断りたいと思っているわけではないのです。

「仕事ですか？」という言葉は、未来に対しての不安から出てくることが多いのです。今後これが仕事になったら困るな、という意味で聞いてきます。しかし、そのようなことまで説明しませんから上司としてはムッとなってしまいます。

では、このような人とはどのような面談をしていくとよいのでしょうか？　まずは互いの言葉の意味を合わせることが必要になってきます。ここでは「〇〇さんにとって仕事ってなんですか？」という質問をし、相手の言葉の意味を確認しています。すると「割り当てられた」という表現をしています。ここで互いの仕事に対する言葉が違うことが確認できます。しかしこの時点では答えが出ないので「ではどうしましょうか？」という問題を解決可能な形にする質

■仕事ですか？ と聞く人の考え方

問をしています。

この質問をすることで、実際にやるとするならどうするかを考えてもらうのです。もし自分がやるなら今は時間が足りないという新たな障害が出てきます。一度他人に仕事をお願いするという答えは出ているのですが、その相手を嫌な気持ちにさせるのでは？　という新たな障害が出てきてしまいます。２つの障害があると、どうにもできないと思ってしまいます。脳は負担を嫌うので、考えないようにするのです。ですからこのように障害が２つあった場合は、一つひとつの障害を丁寧に乗り越えてもらうことが大切なのです。最後はステップ７の質問で障害がないのを確認して面談終了です。

## 答えを出すのはあなたではない

ここまで、５つの会話のパターンをご説明しました。もちろん全てがこのようにいくというわけではありません。

この５つ全てに共通して大切なところなのですが、間違っても「相手を誘導しない」ということです。

部下の正確や考え方がわかってくると「この部下に足りないところはここだな」と、それに気づくように誘導したくなる場合があります。

しかし、これはお勧めしません。なぜならば、部下の方が上司であるあなたが何かしら誘導していると感じてしまった場合、2人の信頼関係が壊れてしまう可能性が高まるからです。部下の立場に立ってみれば「自分の思い通りに動いて欲しいんだな」という思いに行き着かないとも限りません。せっかく面談しているのに、そのように思われてしまうのはもったいないです。

また、人の成長という観点からも他人から教えてもらうより、自分自身で答えに行き着いたり、足りない点に気付いたときの方が人はより成長するのです。

感情の起伏が大きいほど記憶は定着しやすくなります。ですから、他人に答えを教えてもらうよりも自分で気付いた方が「嬉しい」という感情が大きくなるため、より成長することができるのです。

確かに上司のあなたから見たら気づいていない点やもったいない点が多く部下に見えると思います。しかしそこはぐっとこらえて本人が気付き、自分で解決できるように応援してあげて欲しいのです。この積み重ねが自発的に行動する部下になるための過程なのです。

# 02 面談の基本スキル

## 6つの簡単な聞くスキル

ここでは面談する際に持っていてほしいスキルを紹介します。

日常的な会話でもそうですが、相手を惹きつける話し方、興味をもたせるテクニックというものがあります。面談においても同じことです。特に、部下は上司を煙たく思うものですから、十分な面談を行うにはそれ相応の面談のスキルが必要なのです。

スキルは誰もが学べば身につけられるものです。面談では相手からなるべく多くの話を引き出します。そのために必要なのが「聞くスキル」と「質問するスキル」です。

話が進まない、展開しない、盛り上がらないなどの問題が実際の面談で起こっています。次のスキルを使うことで結果が変わってくるので、まずは聞くスキルを身につけてください。

## 身体のリアクションを大きくしよう

私たちの行動の理由は2つしかありません。「痛みを避ける」か「快楽を得る」のどちらかです。

・すごく嬉しいことがあってその思いを分かち合いたい
・悲しいことがあって慰めてほしい
・面白い話を伝えて一緒に盛り上がりたい
・怒りがおさまらないので聞いほしい

このような場面で、あなたは人に何かを話したくなるのではないでしょうか？

■面談の基本スキル

- 身体のリアクションを大きくしよう
- 相手の片目だけ見て話そう
- 声のトーンは確認テスト
- 相手の言葉と自分の言葉は一致させよう
- 沈黙を上手に利用しよう
- 相手が言った言葉を繰り返そう

ではその際に、どんな聞き手を望んでいますか？

多くの人は、リアクションの大きい人に話を聞いてほしいと思ってます。痛みを避けるためにも、快楽を得るためにも、リアクションが大きい人のほうが結果が得られる可能性が高いからです。

では、具体的にリアクションの大きさとは一体なんなのでしょうか？

それは体の使い方です。リアクションが大きく感じる人は、この体の使い方がとても上手なのです。例えば、笑い話の時に手を叩く、悲しい話の時にはそっと手に触れてくる、真剣な話の時に体が前のめりになるなど様々な体の使い方をしています。この体の使い方を意識するだけで、相手は自分の話を聞いてくれていると感じることができるのです。

## 相手の片目だけを見て話す

相手と話をする時にどこを見ていますか？

話をする時は相手の目を見て話しなさい、と小さい頃から言われてきたかもしれませんが、実は目を見て話すのはすごく難しいのです。私たちは群れる動物です。群れの中では常にランク付けがされています。これは不要な争いを避けるためです。このランク付けがされるのが、互いに視線が合った時だといわれています。視線が合った瞬間にどちらが自分よりも強いか、弱いのか、いい勝負なのかを判断しているのです。

ですから自分よりも歳の若い人や立場が下の人と目を合わせることには、さほどプレッシャーはないのです。しかし、自分よりも立場が上の方や社会的に成功している方と目を合わせて話をするのは圧力を感じてしまいます。これが、面談で部下が視線を合わせてくれない理由なのです。

そこで、相手の片目だけを見て話しをすることをお勧めします。これによって相手とは適度な距離が保てます。信頼関係ができれば、互いに目を合わせて話ができるようになります。

## 声のトーン

相手と話をする時にどのような声を出していますか？

私たちは声のトーンによって多くの情報を得ています。例えば男性でも女性でも、話す相手が好きな人とそうでない人とでは声のトーンが違うといわれています。相手に好意がある時は少しでも魅力的に感じるように声のトーンが高くなります。

また、多くの方は声に言語外の思いをのせています。


「困っていることがありますか？」

「ないです」


この「ないです」という一言にも、言葉を発した人の思いや気持ちが声のトーンに表れているはずです。しかし、普段から会話をしていないと気づけないものです。これは、私のことを見ているのなら察してくれるよね？　という相手からの確認テストなのです。この確認テストに合格すると一気に距離が縮まります。

ですが、この確認テストに落ちてしまうと、次の確認テストまで待たなくてはいけなくなります。特に恋愛関係では顕著です。恋愛が上手な人が人身掌握が上手だといわれているのは、この確認テストに合格できるからなんですね。

## 相手の言葉と自分の言葉は一致させよう

人によって言葉の定義はそれぞれ違います。上司と部下の間でミスマッチが起きやすいのが報・連・相の定義です。

上司「△△くん、○○社に連絡しましたか？」
部下「はい！　連絡しています」
上司「しかし担当の□□さんは何も聞いていないと言ってましたが、どういうことですか？」
部下「メールで連絡しました。まだメールを見ていないのかもしれません」

このケースは「連絡」という言葉のミスマッチです。上司としては連絡とは、直接口頭で連絡することだと思っています。しかし部下は、連絡とはメールでも良いと考えています。この言葉のミスマッチが話のずれとなっているのです。

このまま放置していたらどうでしょうか？　もしかしたら大きなミスに繋がるかもしれ

ません。ですので言葉の定義はお互いに合わせておく必要性があるのです。

## 沈黙を上手に利用しよう

面談では「沈黙」の対応がとても重要になってきます。この沈黙を効果的に使えるようになれば、聞くスキルとしてはかなりの腕前です。

では、人はなぜ会話の途中で沈黙してしまうのでしょうか？

「沈黙」の状態には主に2つの意味があります。

1. 何を話してよいのかわからないから思案中
2. 普段考えないことを思案中

どちらも次の言葉を探すために準備している状態なのです。

「痛みを避ける」「快楽を得る」という点でいうと、まだどちらでもありません。沈黙後の言動により「痛みを避ける」のか「快楽を得る」なのかが決まります。ですから言葉が出てこないのです。

面談の初心者が起こしてしまうミスが、この沈黙時に質問をしてしまったり、話しかけたりすることです。せっかく普段考えないようなことを思考しているのに、それが中断されてしまうのです。これは非常にもったいない。沈黙こそ大きな変化や気づきの前触れです。沈黙を見守りましょう

## 相手が言った言葉を繰り返そう

面談では、仕事からプライベートまで話が多岐にわたります。一見、自分とは関連がない話であっても、聞いているうちに自分でも思いあたることがあるのに驚きます。

話をしている人はグルグル回る渦の中にいる状態、話を聞く人は渦の外にいるので客観視できます。だから自分自身に気づくことができるのです。しかし、ただ漠然と話を聞いていても、簡単には気づけません。

そんな時は、すぐさまオウム返しのように内容が合っているのか相手に確認します。これを繰り返すことで多くの気づきを得ることができるのです。

# 03 質問するスキル

## なぜ質問をするのか？

面談の目的は部下の話を聞くことです。聞くことと質問することが相反するように感じる方もいるかもしれません。ですが、そもそも面談の目的は社員に「行動してもらう」ことです。どんなに素晴らしい思いや考えがあってもどんなに素晴らしい思いや考えがあっても、行動することができなければ、絵に描いた餅にしかすぎません。ですから面談を通して行動してもらう必要があり、聞くことと質問することでその行動が加速されていきます。

私たちは多くの稼ぐヒントを見つけながらも、それをスルーしてしまっています。それを思い出してもらうためのキーになるのが「質問」であり、それを行動に移すのも「質問」

なのです。
ですから質問するスキルを学ぶことで、より面談は効果的になっていきます。

## オープンクエスチョン・クローズドクエスチョン

質問には大きく2つの系統があります。

・オープンクエスチョン（開かれた質問）
・クローズドクエスチョン（閉じられた質問）

オープンクエスチョンとは、原則として相手の答えの自由度が高い質問です。答えが（はい・いいえ）などの短い答えではなく、相手が思ったことやその時に想像したことを求める質問です。

・最近楽しかったことはなんですか？

・明日の会議の進捗はどうなっていますか？
・毎日何をしているの？

答える側がどのように答えてもいいような質問がオープンクエスチョンといわれています。

面談の際はこのオープンクエスチョンを多く使います。オープンクエスチョンのメリットは、数多くの気づきや意見が出やすいという点です。デメリットとは、信頼関係がないと会話が続かない、相手に圧迫感を与えてしまうという点が挙げられます。

クローズドクエスチョンとは、原則として相手の答えの自由度が低い質問です。答えが（はい・いいえ）などの短い答えを求める際に使われる質問です。

・昨日チョコレート食べましたか？
・独り人暮らしですか？
・何時にいつも寝ていますか？

答える側が短いフレーズで答えるような質問がクローズドクエスチョンといわれています。

面談では、最初の信頼関係の構築でよく使われます。クローズドクエスチョンのメリットは、話の展開が早い、相手に心理的な負担をかけないという点です。デメリットは、新しい気づきが少ない、話が広がりにくいなどの点があります。

面談では、最初の信頼関係を構築するまではなるべくクローズドクエスチョンを使います。その後、信頼関係が構築できたらオープンクエスチョンを使っていきます。

実際、オリエンテーションで使う面談マンダラシートには、そのような要素も含めて

■オープンクエスチョン・クローズドクエスチョン

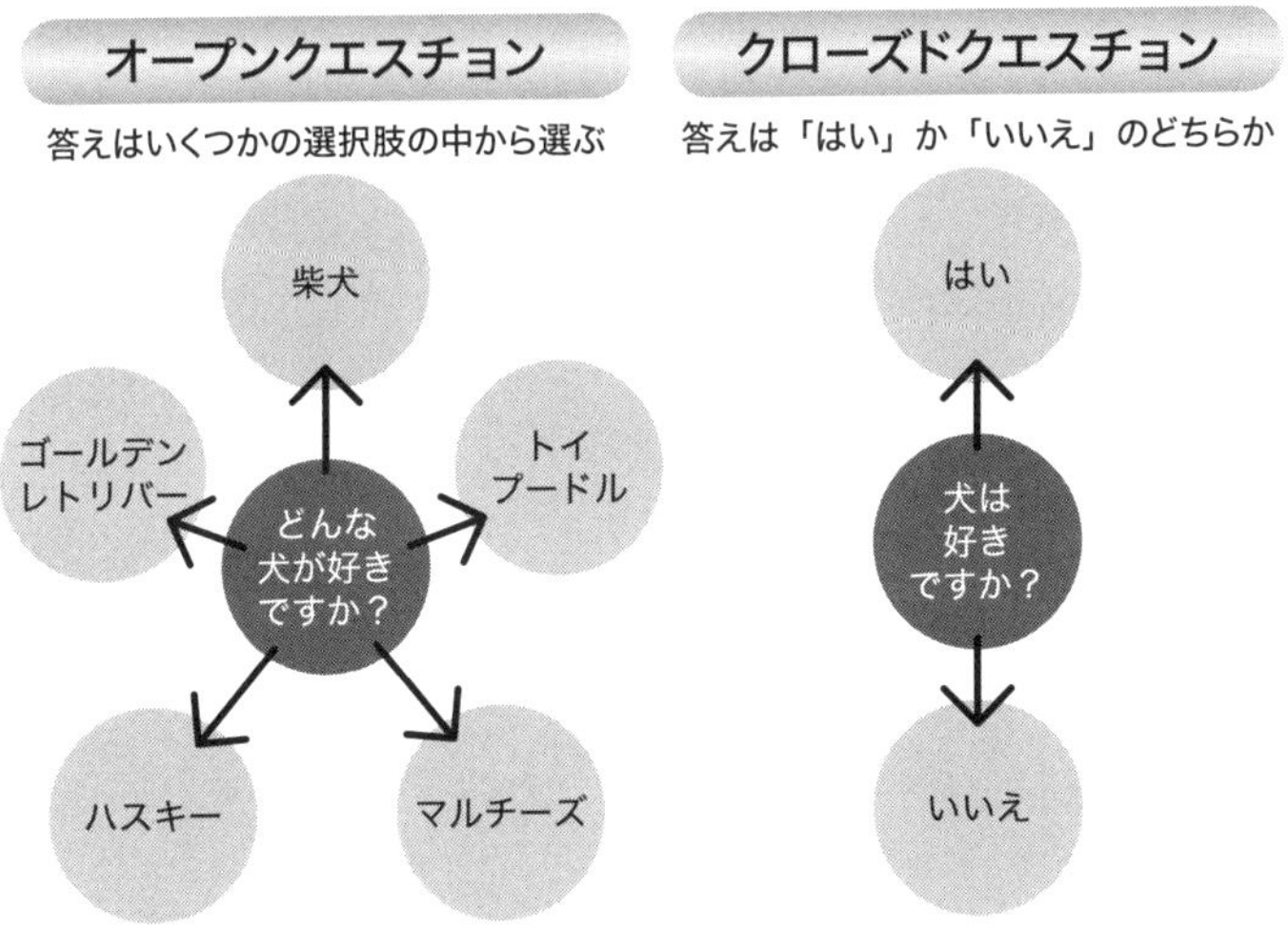

います。

## 塊をほぐす

面談でよく使われる質問のスキルであるチャンクダウン・チャンクアップについて説明します。

・チャンクダウン……より大きな範囲の言葉の塊をより小さな言葉の塊にしていくこと
・チャンクアップ……より小さな範囲の言葉の塊をより大きな言葉の塊にしていくこと

チャンクダウンやチャンクアップの質問を使い分けることにより、大きな気づきや新たな選択肢を相手に促すことができるようになります。

このチャンクダウン・チャンクアップのチャンクとは、「塊（かたまり）」という意味です。

ではチャンクダウンの使い方を具体例を挙げて説明します。

上司「どうやって売上を上げていこうと思っているのか教えてくれないか？」
部下「新規開拓をしようと思います」

「新規開拓」と言われただけでは何のことかわかりません。どこにするつもりなのか、市場のことなのか、お客様のことなのか、もしかしたら本人も漠然と言っているだけで整理できていないかもしれないのです。このように大きな範囲の言葉をより小さな範囲の塊にしていくための質問が、チャンクダウンです。端的にいうと、より狭い視野で物事を捉え直すために使う質問です。

そこで、より大きな「新規開拓」という言葉を、より小さな言葉に変えていきます。

上司「具体的にどういうことですか？」
部下「同じ業種のスーパーを攻めようと思っています」
上司「例えばどこに向かうつもりですか？」
部下「近くの○○店に営業しようと思っています」
上司「細かく説明するとどうのようなことですか？」

部下「○○店の方と以前名刺交換をしていましたので電話でアポを取ろうと思います」

このようにチャンクダウンをすることで、より大きな言葉の塊が小さな言葉の塊になっていくのです。言語化することで自分のやるべきことを明確にすることができるのが、このチャンクダウンの効果です。面談では、行動をよりスムーズに行うためのサポートする際に質問として使います。

質問の言葉の代表的な例としては「具体的には？」「詳細にいうと？」「例えば」などがチャンクダウンの質問になります。

もう少しわかりやすく説明するとこんな感じになります。

「あなたは何の仕事をしているのですか？」

「営業です」

「具体的には」

「不動産会社です」

「もう少し詳しく」

「不動産会社の賃貸部門です」
「具体的には」
「お客様が来店して物件を案内している仕事をしています」

## 目的は明確にしよう

次に、チャンクアップの使い方を具体的な例を挙げて説明していきます。

上司「どうやって売上を上げていこうと思っているのか教えてくれないか？」
部下「新規開拓をしようと思います」

この「新規開拓」がなんのことかわかりません。なんのためにするつもりなのか、新規開拓する意義はなんなのか、先ほどと同じように、本人も漠然と言っているだけで整理できていないかもしれないのです。このように小さな範囲の言葉をより大きな範囲の塊にしていくための質問が、チャンクアップです。端的にいうと、より広い視野で物事を捉え直すために使う質問です。
より小さな視点の「新規開拓」という言葉を、より大きな視点での言葉に変えていきます。

上司「なぜそれをするのですか？」
部下「より売上を伸ばすために必要だと思います」
上司「そもそも目的はなんですか？」
部下「会社の経営理念にお客様のためにとあるからです」
上司「広い意味で言うならどういうことですか？」
部下「より良い社会のためです」

このようにチャンクアップをすることで、より小さな視点の言葉の塊が大きな視点の言葉の塊になっていくのです。言語化することで自分のやるべきことを再確認することができるようになるのです。面談では、主に壁にぶつかっている時にチャンクアップのスキルを使います。

# おわりに

この度は私がやってきた再現性の高い「面談」を執筆させていただきました。

最後にみなさまにお伝えしたいのは面談は優しい気持ちで行ってください！　ということです。

面談をする際に様々なことを考えるかもしれません。

結果がまだ出ていない部下に対して、憤りを感じることもあるかもしれません。しかし「まだ」結果が出ていないだけかもしれないのです。

人は何かのきっかけで飛躍的に大きく成長します。またそのような人を私は多く見てきました。

もしかしたら今後、素晴らしい結果を残すような部下になる可能性もあるのです。

部下の可能性に目を向けて、より良い組織を面談を通じて作っていくお手伝いが本書でできたのなら嬉しいです。

ぜひ、すぐに面談を始めてみてください！　びっくりするほどすんなり受け入れられますから！

部下もあなたと話したいと思っているのです。

最後になりましたが、この執筆にあたって色々協力してくれた東友加さん、山田稔さん、いつも私の師匠として走り続けているクリス岡崎さん、またこれまで支えてくれた父や母、苦労を共にしている妻である直子に感謝を改めて伝えたいと思います。いつも応援していただき本当にありがとうございます。

２０１８年４月　日本産業メンタルマネジメント協会　代表理事　高木鉄平

読者の皆様へ

## 無料プレゼントのご案内

本書をご購入いただき、誠にありがとうございます。ここまでお読みいただいた皆様のために私からの特別なプレゼントを用意させていただきました。

**プレゼント1**

今すぐ使える

「面談の役に立つ3つのシート」

**プレゼント2**

今すぐ使える

「企画書の雛形」

**プレゼント3**

高木鉄平の

「面談で業績アップ！」セミナー動画

**ぜひ、下記のURLよりダウンロードしてご活用ください！**

present.mental-coaching.jp

**著者紹介**

**高木 鉄平**（たかき　てっぺい）
人材コンサルタント、メンタルコーチ
一般社団法人　日本産業メンタルマネジメント協会　代表理事
株式会社ユーメイト純正　代表取締役

福岡生まれ。大学卒業後大手アミューズメント企業に入社し多くのことを学ぶ。その後もっと笑顔で働く人を増やしたいと感じ、それを実現する為に人材派遣会社、民間教育訓練機関などを起こす。多くの人材に関わりその実績から講演、研修、面談の指導等を行う。面談の実数は5000人以上に及ぶ。幅広い業界から人材の指導育成に高い評価を受けている。

**短期間でやる気を引き出す! 個人面談**

2018年5月 2日　初版第一刷発行
2020年9月10日　　第四刷発行

著　者　　高木鉄平
発行者　　宮下晴樹
発　行　　つた書房株式会社
〒101-0025　東京都千代田区神田佐久間町3-21-5
ヒガシカンダビル3F
TEL. 03（6868）4254
発　売　　株式会社創英社／三省堂書店
〒101-0051　東京都千代田区神田神保町1-1
TEL. 03（3291）2295
印刷／製本　シナノ印刷株式会社


ISBN978-4-905084-28-0